云南史话

地方系列

云南省社会科学界联合会 组编

《云南史话》编委会

临沧史话

赵明生　高宏慧　编著

云南出版集团
云南人民出版社

图书在版编目（CIP）数据

临沧史话 / 云南省社会科学界联合会组编；赵明生，
高宏慧编著．-- 昆明：云南人民出版社，
2017.11（2018.12 重印）
（云南史话．地方系列）
ISBN 978-7-222-16680-6

Ⅰ．①临… Ⅱ．①云… ②赵… ③高… Ⅲ．①临沧 - 地方史 Ⅳ．① K297.44

中国版本图书馆 CIP 数据核字 (2017) 第 287174 号

出 版 人：赵石定
统筹编辑：马维聪
责任编辑：李东华　段金华
责任校对：陈　亚
责任印制：洪中丽
装帧设计：赵　丹

临沧史话
lincang shihua
云南省社会科学界联合会　组编
赵明生　高宏慧　编著

出　版　云南出版集团　云南人民出版社
发　行　云南人民出版社
社　址　昆明市环城西路 609 号
邮　编　650034
网　址　http：//ynpress.yunshow.com
E-mail　ynrms@sina.com
开　本　787mm × 1092mm　1/32
印　张　9.25
字　数　125 千
版　次　2017 年 11 月第 1 版　2018 年 12 月 2 次印刷
印　刷　云南商奥印务有限公司
书　号　ISBN 978-7-222-16680-6
定　价　30.00 元

云南人民出版社公众微信号

如需购买图书、反馈意见，请与我社联系
总编室：0871-64109126　发行部：0871-64108507
审校部：0871-64164626　印制部：0871-64191534

总 序

七彩云南，气象万千。

这里东连黔桂，西邻缅甸，北靠川渝，南望越南、老挝，是祖国大陆通往南亚东南亚、前出印度洋的枢纽和大通道。特殊的地理，悠久的历史，孕育了深厚的底蕴，创造了丰富多彩的灿烂文化，成为中华文化同南亚次大陆文化、东南亚文化交汇区域，是文化交汇、融合、多样性的现代范本。

这里山川纵横。横断山、哀牢山、无量山、云岭、乌蒙山等山系支撑起祖国西南辽阔的天空。这里碧水荡漾。滇池、洱海、抚仙湖、程海、泸沽湖、杞麓湖、异龙湖、星云湖、阳宗海等湖泊，像一颗颗璀璨的明珠，镶嵌在云南高原上。这里江河澎湃。金沙江、澜沧江、怒江、红河、南盘江、伊洛瓦底江等六大水流联通各民族共同的家园。这里是植物王国、动物王国、有色金属王国。这里气候温和、四季犹春，在中国是绝无仅有的宜居宝地。

这里历史悠久。元谋人从170万年前的远古走来。战国中晚期庄蹻入滇，第一次把楚文化与滇文化连接起来。秦开五尺道、汉习楼船，云南正式纳入祖国版图。唐宋时期，南诏、大理国文化唱响西南。元初正式建立行省。明清时期，云南经济社会得到长足发展。20世纪初，云南各族人民打响了护国战争第一枪，开始埋葬封建帝制。在抗日战争中，几十万云南各族儿女征战沙场，扬我国威！西南联合大学谱写了世界教育史上的奇迹。

在这片红土地上，传承着红色文化基因。走出了王复生、王德三等早期马克思主义播火者，走出了无产阶级军事家罗炳辉，《中华人民共和国国歌》的作曲者聂耳，马克思主义大众化的中国第一人、我们党思想理论战线忠诚的战士和学者艾思奇。20世纪30年代，毛泽东率领中国工农红军长征过云南，播下了革命火种。40年代后期，中国共产党领导下的滇桂黔边纵队与中国人民解放军，在极端艰难困苦的条件下英勇作战，迎来了新中国的诞生！

这一切，催生了一系列独具特色的历史文化：有史前文化、古滇文化、哀牢文化、爨文化、南诏文化、移民文化、护国文化、抗战文化、西南联大文化、红色文化。

这里是民族文化的富聚区，民族文化多样性的活态博物馆。26个民族中16个独有民族，15个民族跨境而居。民族文化丰富多彩、博大精深、底蕴深厚、特色鲜明。如彝族的毕摩文化、藏传南传佛教文化、傣族的贝叶文化、纳西族的东巴文化、哈尼族的梯田文化，等等，还有各种各具特色的丧葬、婚姻、服饰、建筑、节日、歌舞、生态等文化形态。此外还有各民族长期以来相互交融、相互学习、共同发展而产生的综合性文化，如茶文化、医药文化、烟草文化、驿道文化、青铜文化、石刻文化等，异彩纷呈，不胜枚举。

云南各民族优秀文化是中华文化的重要组成部分，是中华文化的瑰宝，是中华民族文化大花园中的奇葩！在长期的历史发展中，在红土高原上，形成独具特色的历史文化、地域文化、民族文化，其突出特点是多样形态、多元一体、和谐共生。各种文化，相互交融。佛教文化、基督教文化和伊斯兰文化并存（即使在同一宗教内，不同派别也和睦相处，如同为佛教，藏传佛教、南传上座部佛教和汉传佛教，亲密无间）、儒释道文化并存、原生态文化与现代文化并存、多民族文化并存。

在经济全球化、文化经济化、经济文化一体化的今天，文化既是社会生活方式，更是一种社会生产力，是各民族共同的精神家园。

“观乎天文，以察时变；观乎人文，以化成天下”（《易经－贲卦》）。习近平总书记指出：“要始终坚持道路自信、理论自信、制度自信，最根本的还有一个文化自信。”党的十九大报告提出：“要坚定文化自信，推动社会主义文化繁荣兴盛。”“没有高度的文化自信，没有文化的繁荣兴盛，就没有中华民族伟大复兴。要坚持中国特色社会主义文化发展道路，激发全民族文化创新创造能力，建设社会主义文化强国。”这是党中央赋予我们这一代哲学社会科学工作者的历史使命！承担起新时代这一历史使命，必须在新的实践基础上，用中国特色社会主义文化引领，推动文化的创新发展。必须深入挖掘传统文化资源，从中吸取历史智慧，引导云南各族人民树立正确的历史观、民族观、国家观、文化观，推动文化创造性转化。还必须为各族人民提供丰富的精神食粮，不断满足人民过上美好文化生活的新期待。

古人云：“虑不远不足以图大功，功不大不足以传永世”。云南省社科联为贯彻落实党的十九大精神，为传承、弘扬云南优秀传统文化，坚定各族干部群众文化自信，决定组织全省有关专家学者编辑出版“云南史话”系列丛书，分别为地方系列、民族系列、特色县市系列、民族文化艺术系列、重大历史事件系列五部分，每套丛书出版20种，共计100种。这是一项规模宏大的系统工程，计划用五年时间完成。通过本套丛书，我们将深入挖掘云南文化宝贵资源，认真梳理云南文化发展脉络，总结云南文化发展的特点及其规律，以期为增强文化自觉，坚定文化自信，牢记习近平总书记对云南人民的嘱托，闯出一条跨越式发展的路子，为努力成为民族团结示范区、生态文明建设排头兵、面向南亚东南亚辐射中心，谱写好中国梦的云南新篇章而奋斗！

是为序。

云南省社科联党组书记、主席　张瑞才

2017年10月

目　录

一、市情概览

（一）地理环境

临沧位于云南省的西南部，因濒临澜沧江而得名，地处东经 98° 40′ –100° 34′、北纬 23° 05′ –25° 02′，坐落在太平洋与印度洋两大水系之间的地理分水线上，属横断山系怒山山脉南部延展地带。全境地势由东北部向西南部逐渐倾斜降低，海拔最高点为永德大雪山 3504 米，最低点为南汀河出境处 450 米，相对高差达 3054 米，为深切中山峡谷地貌。北回归线穿境而过，澜沧江、怒江流经东西两侧，东西最大横距 176.4 公里，南北最大纵距 200.4 公里，总面积

澜沧江

怒　江

2.4万平方公里，山区面积占总面积的98%。东与普洱为邻，西与保山相交，北与大理白族自治州相连，西南与缅甸接壤，边境线长290.791公里，是通往南亚东南亚的内陆“黄金口岸”，是面向南亚东南亚辐射中心的前沿，境内清水河口岸为国家一类口岸，南伞、永和口岸为国家二类口岸，是云南五大出境通道之一。2013年，国务院批准设立了临沧边境经济合作区。

临沧旧时称勐缅、缅宁，1952年8月，中共缅宁地方委员会成立，10月，缅宁专区正式成立，1954年缅宁专区改称临沧专区，1970年临沧专区改为临沧地区。2003年12月，国

澜沧江大桥

务院批准撤销临沧地区，设立临沧市，下辖临翔区、云县、凤庆县、永德县、镇康县、耿马傣族佤族自治县、沧源佤族自治县、双江拉祜族佤族布朗族傣族自治县共7县1区77个乡镇936个行政村、社区。2015年，全市有常住人口250.9万人，户籍人口235.3万人，其中少数民族人口96.66万人，占户籍人口的41.1%。

（二）自然资源

临沧具有丰富的自然资源，尤其是水、矿产、动植物等资源优势非常突出。

水资源极其丰富。云南号称亚洲的“水塔”，仅就临沧来看，它地处澜沧江与怒江两大水系之间，澜沧江由北向东南横穿凤庆县后，经云县、临翔区和双江自治县流入普洱市，过境流程282公里；怒江自北向西南流经永德、镇康两县后注入缅甸，过境流程39.5公里。境内属两江水系流程在5公里以上的大小支流共368条，

百里长湖风景区

金鳌入海

民间素有“山有多高，水有多高”的俗语流传，建有漫湾、大朝山、小湾三座百万千瓦级电站。

矿产资源富集。临沧全境皆山，有老别山、帮马山两大主脉。境内错落分布着海拔在2000米以上的主峰50多座，山地间镶嵌着大小不一的盆地20多个，坝区面积占总面积的2%左右，其中孟定坝面积最大，有110平方公里。地势以山区半山区及峡谷丘陵为主，地貌可分为侵蚀堆积山间盆地、深切中山宽谷、深切中山窄谷、中山岩溶、侵蚀中山五个类型。特殊的地质结构，造就了临沧群峰绵延不绝、沟壑纵横交错、层岭曲折夹涧、山坝起伏相依的地形地貌，成就

澜沧江风光

了矿产资源的富集。目前已探明的矿种有锗、高岭土、硅藻土、稀土、锑、金、银、铜、铁、铅、锌等16种53个矿属。贵金属含量高，稀有金属储量大,锗在煤中含量居全国之首;非金属硅藻土、高岭土、稀土藏量和品位排全国前列。

动植物资源丰富多样。临沧属亚热带低纬度高原山地季风气候，具体可分为北热带、北亚热带、南亚热带、中亚热带、南温带和中温带六种类型，主要特征是四季不甚分明，但干湿明显，冬无严寒，夏无酷暑，雨量丰沛，阳光充足，有“亚洲恒温之城”的美誉。这样的气候非常适合动植物的繁衍与生长，所以，临沧不仅是“植物王国”“动物王国”“药物王国”，还是一个“天然花园”。市内有野生高等植物4200多种，野生动物700多种，为有效保护这些动植物资源，建有国家级保护区两个，即云南南滚河国家级自然保护区、云南永德大雪山国家级

云蒸霞蔚

自然保护区，同时还建有一批省级、县级自然保护区和保护小区，保护区面积达303.36万亩，占国土面积的8.3%。

古茶树资源分布广泛。临沧是最早发现和利用茶叶的主要地区，

捕渔忙

是世界茶树和茶文化的重要发源地，发现和利用茶叶的历史非常悠久，布朗族、德昂族、佤族的先民濮人，是世界最早的茶农。南起沧源单甲乡，北至凤庆诗礼乡，在纵贯临沧南北近200公里地带9000多平方公里的原始森林和次生林中，分布着众多的野生古茶树群落，现已发现的野生古茶树超过40万亩、栽培型古茶树（百年以上的古茶园）11万亩，是中国古茶树资源保存得最多、最完整、最具代表性的地区之一。双江自治县勐库1.27万亩的野生古茶树群落被认定为“世界古茶原乡第一标志地”“中国国土古茶树种质基因宝库”。树高10.2米，胸径5.67米的凤庆香竹箐古

茶树为古代濮人3200多年前种植遗存的世界最粗最原始的栽培型古茶树。云县白莺山有古茶树数十万棵，甚为壮观。各民族在用茶、种茶、制茶的漫长岁月中，创造了多姿多彩的茶俗茶礼，形成了灿烂夺目的茶文化。临沧也是“南茶马古道”的主要起点和通道。为了有效保护古茶树资源，规范古茶树的管理活动，促进古茶树资源持续利用，临沧市于2016年8月30日专门出台了《临沧市古茶树保护条例》。

二、历史沿革

（一）“古哀牢地”的一部分

二十世纪80年代，历史学家就指出，保山、临沧历史没有很好地被研究，至今情况大体仍然如此。

这是因为临沧历来属于历代封建王朝眼中的“荒服”“徼外”之地，文献记载少之又少，临沧历史扑朔迷离，许许多多的未解之谜至今仍然没有答案、仍然需要探究。

秦汉时期，临沧属于“古哀牢地”的一部分。这一名称是因“哀牢”人而得名的。“哀牢”人是什么古族群？学界看法莫衷一是，其中有一定影响力的观点认为“哀牢”人就是我国南亚语系孟高棉语族佤德语支民族即佤族、布朗族、德昂族的先民。毫无疑问，披荆斩棘、胼手胝足最早开发临沧的民族，无疑就是他们。

然而，“古哀牢地”是以今天保山市为中心的。“古哀牢地”即“古哀牢国”的范围，其地“东西三千里，南北四千六百里。”（常璩撰《华阳国志·南中志》）“其称邑王者七十七人，户五万一千八百九十，口五十五万三千七百一十一。”(《后汉书·西南夷传》)并且，当时的“哀牢人”能够生产“兰干细布”，“其华柔如丝，民绩以为布，幅广五尺。”（《华阳国志·南中志》）说明他们已经有比较发达的生产力，是东汉王朝人口最多、地域最大的郡县之一。

可以看出，这是一个何等庞大的古国！临沧自然长期处于“古哀牢国”的管辖范围之内。

从严格意义上说，“古哀牢地”还不属于临沧自己的地名，真正属于临沧自己的第一个地名是“永寿”。这是佤族建立的古国，它的出现标志着临沧真正步入了相对独立的历史阶段，直至后来栉风沐雨，历经岁月沧桑。

（二）地方势力的崛起

一个地方的早期历史一般要经历古国——方国——帝国“三部曲”的发展阶段。临沧历史自然也不例外。

东汉末年，群雄崛起，纷争不断，朝代更迭频繁，我国历史先后进入魏、蜀、吴三国和魏晋南北朝时期。临沧属于益州刺史下辖的永昌郡，当时永昌郡的吕凯是南中大姓之一。在这种情况下，中原王朝自然无暇顾及地处要服荒服之地的永昌郡，一个个地方势力在临沧境内崛起，成为临沧历史上的一个个古国。从零星的文献记载和后人的研究成果看，主要有“永寿”“雍乡”等。

“永”字头地名是佤语地名有别于其他民族语地名的显著特征，为村寨、地方之意。“永寿”和“雍乡”符合佤语地名的这一特征，它们显然都是佤族先民建立的古国。

“永寿”的“寿”即佤语“狗”之意，“永寿”即“狗寨、狗部落”。民族学家指出：“云南有些民族以动植物为姓，就是氏族图腾的遗留”。还指出：“最早的地名不是随意起的，也不是毫无意义的。它的产生主要根据在该地上居住的民族或部落的名称，以表示该地是属于他们的地方，当某一氏族或部落定居于某一地方后，他们的图腾名称便自然成为该地的地名。”“永寿”就是源于佤族狗图腾崇拜而产生的。

可以看出，“永寿”就是在佤族部落的基础上发展起来的一个佤族古国。对于它的地理四至方位，民族历史研究专家说法不一，但不管哪一种说法，都没有超越临沧，我省著名学者、历史学家尤中甚至在《中国西南边疆变迁史》中明确提出：永寿“辖境大致相当于今临沧地区”。事实上，“永寿”发祥地、中心地是耿马傣族佤族自治县。今天，耿马傣族佤族自治县四排山一带民间还流传着许许多多有关“永寿”的民间传说，从一个侧面叙述着它曾经拥有的辉煌历史和难忘的过去。

《华阳国志·南中志》卷4记载：“（吕）祥子（晋）元康末（299年）为永昌太守，值南夷作乱，闽濮反，乃南移永寿，去古郡千里，遂与州（即宁州）隔绝。”可以看出，“永寿”是一个有一定实力的地方政权，甚至已经具备了国家的雏形。正因为这样，它才能吸引和能够接纳“永昌太守”这样一个庞大的官员及其随从人员队伍。

当然，“永寿”后来消失了，由于资料阙如，至今还是个谜，但是在地名当中仍然有所保留，如元朝时期，耿马境内有傣语地名“景麻”，“麻”

即傣语“狗”，应当是“永寿”在傣语地名当中的重叠叫法。它的历史告诉我们：“在某一阶段曾经是先进的地区，到了新的历史时期，就可以因种种人为的或自然的原因而变得落后，与此相反，被人认为是一贯落后的地区，又有可能在遥远的过去焕发过异彩”。

同时，临沧还出现了“雍乡”这一古国。

关于“雍乡”的位置，有两种不同的看法，有学者说“可能在今天的普洱市内”，但大多数学者认为是在今天的临沧市永德、镇康一带。后一种说法是正确的，“雍乡”同样是佤族建立的一个地方政权。“雍乡”为佤语地名，“雍”即“永”的异写，“乡”也是“相”的异写，是佤族对崇拜的宝石、怪石的称谓。如此，“雍乡”可以翻译为“宝石之地”。至今，德宏傣语当中，永德、镇康一带称为“勐腔”，即“硬地方”之意，“硬”者，石也，保留了“宝石之地”这一含义。尽管雍乡辖区仅仅包括了永德、镇康两个县，对外影响也没有永寿大，但也应该把它视为继永寿之后临沧历史上的又一个古国。

除此之外，临沧境内应该还有孟佑、大候等

古国，前者崛起于今天凤庆县，后者崛起于今天云县。

（三）郡县制下的临沧

秦始皇创郡县制，代替了西周以来的分封制，为我国统一多民族国家的建立发挥了极大的作用，形成了“海内为郡县，法令为一统”的局面。

秦王朝修“五尺道”，密切了“西南夷”地区与内地经济文化的联系。然而，由于临沧远在西南边陲，秦王朝没有在临沧及其相邻的地区设置郡县，此时的临沧还没有直接受到中原经济文化的影响。

西汉时期，汉习楼船，开发西南夷。郡县制不断完善和推广，开始影响到了临沧。

当时，张骞出使西域归来，谈到在大夏（今阿富汗）地区发现有身毒（今印度一带）运来的“蜀布”“邛竹杖”，导致汉武帝对西南地区的高度重视，派王然于、柏始昌、吕越人等一批使臣到“滇池”，寻求西去的道路。“滇人”首领尝羌友好地接待了他们。这些人回去之后，向汉武帝汇报了滇池一带的富饶情况，加强了汉武帝大举开发和经略“西南夷”的决心。为此，汉武帝在长安西南作“昆明池”，“以习水战”。在这种情况下，西汉王朝在“西南夷”地区设置了犍为、牂牁、越嶲、益州四郡，郡下设县，在今天保山市内设置了不韦、嶲唐两个县，前者为今天施甸县，后者为今天保山市人民政府驻地隆阳区、大理州云龙县一带。到东汉时期，从益州郡中的6个郡（不韦、嶲唐、比苏、楪榆、邪龙、云南）划分出来，加设哀牢、博南两县，设置永昌郡。楪榆为今天大理市，邪龙为今天巍山自治县，云南为今天祥云等地。此时，尽管中央王朝还没有在临沧直接设置机构，但是由于这些机构已经接近临沧，临沧各族显然受到了影响，也就是说中原文化逐步间接地影响了临沧。

蜀汉时期，诸葛亮“五月渡泸”，南征云南，“七擒孟获”成为古往今来传颂的佳话。诸葛亮“七擒孟获”之后，孟获表示“明公天威，南人不复反矣”。蜀汉政权继续设置永昌郡并加强对它的管理，从而使滇西地区同样出现了“纲纪初定，夷、汉粗安”的局面，基本上实现了“西和诸戎，南抚夷越”的目的。临沧是永昌郡辖区的一部分，永昌郡的设置自然影响了临沧各族经济社会的发展。

值得提出的是，《晋书·地理志》《华阳国志·南中志》均有“永寿县”的设置这一记载，但没有说清楚设置的年代，而吴增仅《三国郡县表》提出：“疑诸葛亮南征时置。”何耀华总主编、朱惠荣主编的《云南通史》第二卷认同了吴增仅的这一说法（该书第227页）。如果是这样，那就是说，以佤族地方古国——永寿为基础，蜀汉时期就设置了永寿县，隶属永昌郡。永寿县就在今天临沧境内，它的设置应该是中央地方王朝在临沧境内第一次直接设置政权机构，表明中央地方政府对整个滇西地区的统治进一步增强，加强了临沧各族与内地之间经济文化的相互联系和相互影响。

魏晋南北朝时期，晋泰始七年（271年），由于益州范围太大，曾经从南中（云南境内各大姓的辖区范围）划出各郡县设置宁州，永昌郡及其所属的永寿县同样属于宁州管辖的范围。然而，由于永昌郡远在滇西，正如《南齐书·州郡志》所记载“永昌郡，有名无民，曰空荒不立。”就是中央地方政府已经没有能力管理了。

在郡县制下，永昌郡各族承担着沉重的各种徭役赋税，如蜀汉时期，“赋处叟、濮，耕牛、战马、金银、犀革充继军资，于时费用不乏。”(【晋】陈寿《三国志·蜀志·李恢传》）在这种情况下，在晋朝时期出现了《爨龙颜碑》所说的“岁在壬申（南朝刘宋元嘉九年，公元432年），百六遘舋，州土扰乱，东西二境，凶竖狼暴，缅戎寇场。”所谓的“缅戎”，据历史学家尤中的说法，就是永昌境内的“闽濮”，即佤族等南亚语系民族。《华阳国志·南中志》卷4同样记载：“（吕）祥子元康末（公元299年）为永昌太守，值南夷作乱，闽濮反，乃南移永寿，去古郡千里，遂与州（即宁州）隔绝。”还出现了哀牢王类牢与守令忿争，太守王寻被驱逐的事件。“闽濮”“哀牢”均是佤族先民。这些起来反抗地方政府压迫剥削的佤族，显然包括了临沧境内的佤族。

（四）南诏、大理经略临沧

经历了魏晋南北朝动乱、纷争的时代之后，经过隋朝的短期统一，接着就是唐朝的兴盛与强大、宋朝的富有与繁荣。

然而，在这一历史时期，民族众多的云南，

仍然是地方民族政权独霸一方的态势，难于辖制，炙手可热者就是南诏、大理。

唐朝樊绰《蛮书》卷4记载："望苴子蛮，在澜沧江以西，是盛罗皮所讨定也。……南诏及诸城镇大将出兵，则望苴子为前驱"。"望苴子蛮"，即佤族先民；澜沧江以西，包括今临沧、保山两个地区及德宏州等地。当时，凤庆、云县一带被称为"扑赕"，意为"濮人"住地，正好说明那里的族群就是佤族、布朗族等民族。可以看出，终唐宋两朝，临沧境内仍然以佤族、布朗族等我国南亚语系族群为主体民族。

临沧与南诏、大理以澜沧江为邻，临沧自然成为两个地方政权必不可少的经略对象。

经略是指"历代王朝对边疆地区的经营和谋划"。经略的主体决定了经略的手段必须以战争为前提。前已提及的《蛮书》卷四的记载"望苴子蛮，在澜沧江以西，是盛罗皮所讨定也"，正是战争的表现。《南诏德化碑》记载，阁罗凤时期，南诏"西开寻传"，向西拓开疆土。所谓的"寻传"指的就是澜沧江以西、伊洛瓦底江以东的一片地方。"西开寻传"之后，南诏设置了永昌节度和镇西节度，对当地各族进行军事管制。今天的临沧完全被纳入了永昌节度的范围，临沧成为南诏国版图的一个重要组成部分。

战争是残酷的，但却促进了民族之间经济、文化的交流，南诏征讨临沧，必然带来两地之间的经济、文化交流，对提高当地民族的文明程度发挥了一定的作用。

《南诏德化碑》又记载：南诏“建都镇塞，银生于墨嘴之乡”，银生节度成为南诏阁罗凤时期设置的七节度之一。

关于银生节度所设置的位置，在云南省史学界，目前流行三种说法，一是普洱市景东彝族自治县，二是西双版纳傣族自治州；三是临沧市双江拉祜族佤族布朗族傣族自治县。争论的焦点之一是对“墨嘴”的认识，传统看法认为是傣族的先民。其实，这一看法不一定对，在德宏、西双版纳傣族中，民间流行“尚过法、腊过勐”这一俗语，意为“天神造天，腊人造地”，所谓的“腊人”就是佤族、布朗族和德昂族先民。在德宏一带，流行“文身是傣，嚼槟榔是腊”的说法，这说明嚼槟榔成为“墨嘴”的民族群体，佤族可能性更大。

南诏国还在临沧设置了拓南城，与拓东城——昆明相对应。这个城位于今天永德县永康镇永康坝。当时的拓南城管辖的范围应该是澜沧江以西、佤族、布朗族聚居的凤庆、云县、永德、镇康、耿马等县。在文献当中，这一带地区叫“石赕”，为“黑濮”即佤族等族群所居，“石赕”也成为临沧的古地名之一，今永德县城德党镇在当地佤语中叫“党代”，可能保留了“石赕”的“赕”这一叫法，然而是何含义有待考证。至今在永德、镇康佤族语言当中，永康坝仍然叫“峒銮”，意为“有大城的坝子”，所说的“大城”指的就是“拓南城”。当然，拓南城仍然归永昌节度管辖，也就是说临沧仍然是永昌府的一个重要组成部分。

大理代替南诏之后，基本上沿袭了南诏的机构设置，对临沧进行经略，整个临沧同样被纳入大理国的版图范围。

另外，终唐宋两朝，临沧境内“蒲蛮”族群还建立了“孟佑”等地方政权。当时孟佑辖今凤庆、云县、保山市昌宁等地，它的中心应该是今天凤庆县孟佑镇。有孟佑河，发源于保山市昌宁县，经过凤庆、云县两县，流入澜沧江。孟佑河范围其实就是当时“孟佑”作为地名所包括的地理方位。“孟佑”可能同样处在南诏大理的统治之下。

有学者提出“大理文化圈”这一概念，而它的形成和产生主要是在南诏大理两个地方政权的统治时期。南诏大理对临沧的长期经略，使临沧同样成为这一文化圈的组成部分。

（五）土司的兴废

土官、土司统称“土司”。从元朝起，临沧土司政权纷纷崛起，临沧许多民族长期处在土司的统治之下。

元朝推翻大理地方民族政权，设置云南行中书省，结束了云南长期以来处在地方民族政权统治下的历史。在这一历史背景之下，中央政府在今天临沧境内除了设置镇康路、孟定路和谋粘路以外，还设置镇康安抚司、孟定土知府和顺宁府3家，这标志着临沧土司兴起。

明朝建立之后，推行“守在四夷”的边疆治理和经略政策，临沧土司设置在元王朝基础上进一步扩大、不断发展。明朝中后期尽管开始推行改土归流，废除了顺宁府土知府、大侯土知州等，一些流官走马上任，但是其他土司不断出现，土司数量明显增多，仍然呈现发展的态势，使临沧出现了“土流并治”的社会政治格局。清承明制，清朝前期临沧土司设置基本上不变，并且有的土司继续得到发展，如耿马安抚司升为宣抚司；有的被削弱，如孟定土司，永乐四年（1406年）析出孟连长官司；万历十三年（1585年），又析出耿马安抚司。从各种文献资料看，元明清时期临沧土司主要有：顺宁府土知府、孟定御夷府、镇康州土知州、大侯州土知州、耿马安抚司、勐缅土官司、大侯州巡检司土巡检、云州大勐麻巡检司土巡检、勐勐巡检司土巡检罕氏和奉氏、勐撒巡检司土巡检、阿林寨土巡检、莽水寨土巡检等10多家，分别叙述如下：

镇康安抚司。中统二年（1261年），镇康附属元朝。至元八年（1271年），元朝政府设置镇康东路安抚使司，至元十三年（1276年），镇康东路安抚使司改为镇康路安抚司，至元十五年（1278年），又改安抚使司为宣抚司并立镇康路军民总管府。镇康安抚司首任土司“尼囊”（又写你囊）和继任者“囊光”二人显然是佤族，因为这些名字符合佤族父子连名制特征。镇康安抚司辖域为今天临沧市永德、镇康两县等地。洪武十五年（1382年），明朝政府设置镇康府，洪武十七年（1384年），又降为镇康州，佤族头领曩光任知州。永乐十六年（1418年），曩光死，“刀木袄权署”，即傣族刀木袄担任知州职，从此，镇康土司由傣族土官担任。镇康州辖域为今永德县和镇康县。光绪三十四年（1908年），清朝政府对镇康土州进行改土归流，最后一个土司刀锦图退位，延续499年的土司政权告终。宣统二年（1910年），镇康改为“永康”州。民国2年（1913年），州改为县，改永康为镇康，设县知事。

孟定土知府。至元三十一年（1294年），元朝政府设置孟定土知府，阿鲁被任命为土司。根据民族学调查资料，最早迁移永德、镇康一带的佤族头人叫“阿鲁公”。阿鲁和阿鲁公应该就是一个人，说明阿鲁是佤族土司。“在元初孟定路的土官是佤族”这一说法是正确的。孟定土知府辖域为今天耿马孟定和沧源、永德、镇康等县部分地区。洪武十五年（1382年），明朝政府析麓川设置孟定御夷府，傣族土官刀名扛担任土司，从此，孟定土司不再是佤族头领，而是傣族头领。

建文四年（1402年），明朝政府设孟定府土知府，任刀混为知府。正统十二年（1447年），明朝政府征麓川，木邦（今属缅甸）土司罕葛因从征有功，被授予孟定土官职，从此，孟定土司为傣族罕氏世袭。孟定土知府辖域，《明史·云南土司一》记载："自姚关（保山市施甸县南部）南八日程，西接陇川，东连孟连，南木邦，北镇康"，今天沧源、耿马两个自治县等地曾经都是孟定府的辖区。清中后期，孟定土知府继续保留。民国元年（1912年），孟定土知府改隶镇康县，设为镇康县第六区，区长仍由土司罕忠兴担任。民国29年（1940年）耿马设治局成立，孟定设镇，仍划归镇康县，镇长仍由应袭土司罕万贤担任。土司继续任职，势力仍然存在。1950年11月，中国人民解放军解放孟定，罕万贤外逃缅甸，孟定人民政府建立。此时，孟定傣族土司568年历史告终。

顺宁土知府。泰定四年（1327年），元朝政府设置顺宁土知府，任命"濮人"阿曰贡为首任土司。元明时期的"濮人"既包括布朗族，又包括佤族。顺宁土知府辖域为今天凤庆、临翔和云州土知州等地。洪武十五年（1382年），明朝重兵征云南之后，继续设置顺宁土知府、任用“濮人”头人为土司，并且阿氏被赐姓孟氏。关于孟氏族别，文献资料写为“蒲蛮”，是佤族、布朗族先民。万历二十五年（1597年），顺宁府土司孟廷瑞以“谋反”罪被“大劓”，孟氏一家老小被杀，孟氏十八代积累起来的财产被没收。孟廷瑞被解送昆明，瘐死狱中。第二年，即万历二十六年（1598年），顺宁府改土归流，首任流官为贵州人余懋学。改土归流之后，顺宁府“蒲蛮”十三寨反抗，被明政府镇压，“蒲蛮”大量迁移永德、镇康等地，并且为了逃避官兵追杀被迫改姓，“阿改杨”“阿改蒋”“莽改蒋”等，孟姓几乎绝迹。顺宁府改土归流，结束了孟氏土司统治顺宁府270多年的历史。

大侯州土知州。中统二年（1261年），大侯（今云县一带）地方政府归附元朝，该年元朝政府设置云州土知州。洪武二十四年（1391年），明朝政府设大侯长官司，傣族土官刀俸汉任长官。宣德五年（1430年），大侯长官司升做大侯州，刀俸汉任知州。正统四年（1440年），麓川思任发率部侵占大侯，刀俸汉及其所属1000多人被杀。

正统七年（1442 年），明政府重兵征麓川，刀俸汉之子刀俸送助征有功，被敕继任大侯州知州。万历二十六年（1598 年）明政府对大侯州进行改土归流，大侯州改为云州，延续 330 多年的土司统治历史结束。大侯州辖域即今云县一带。

耿马安抚司。耿马傣族头人罕斌发（信忠发）之子罕闷坎、罕闷金参与明朝将领邓子龙抗击缅军入侵有功，万历十三年（1585 年），析孟定府地设置耿马安抚司，仍隶属孟定府，任命罕闷坎为土官，耿马傣族土司正式建立。清朝初期，沿袭明制耿马安抚司。康熙二十二年（1683 年），耿马安抚司升格为宣抚司，直隶云南布政司，羁縻于永昌府（府治今天保山市）。至此，耿马土司超越孟定土司，成为临沧境内最大的傣族土司。耿马土司辖域，据《新纂云南通志》记载："管理纵五百里，横二百五十里"，范围包括今孟定镇以外的耿马自治县及沧源佤族自治县部分地区等。清朝中后期，继续设置耿马宣抚司。

勐缅土官司。宣德五年（1430 年），明朝政府设置勐缅长官司，隶属景东府（府治今景东彝族自治县）。据《新纂云南通志》记载，首任土司为景东府土知事姜固宗之子姜嵩。但勐缅一度为傣族麓川地方政权所控制，委托刀判三、俸宪等任土官。万历二十五年（1597 年），明政府三征麓川后，改勐缅长官为勐缅土巡检，任命傣族头人俸氏为土官。万历二十七年（1599 年）恢复勐缅长官司，册封傣族头人俸历为土司。清朝建立，傣族土官俸氏继续被委任为土司。勐缅长官司辖域为今临翔区。乾隆十二年（1747 年），清政府对勐缅长官司进行改土归流，勐缅长官司改为缅宁抚彝厅，属顺宁府（今凤庆县），隶迤西道。“缅宁”之名开始出现。至此，世袭土司政权告终。

大侯州巡检司土巡检。明朝《土官底簿·巡检》记载：“阿能，更水眼寨蒲人，洪武十六年（1374 年）归附，十八年朝觐……”。即大侯州巡检司土巡检为阿氏，是“蒲人”。永乐七年（1409 年），阿氏正式被任命为大侯州巡检司土巡检。大侯州巡检司在今天云县漫湾镇大平掌村一带。

勐勐巡检司土巡检。有罕氏和奉氏两家。元

末明初，勐卯傣族首领罕甸率领一部分傣族迁移双江，仍然隶属于麓川，后受制于耿马土司。明朝万历二十七年（1599 年），傣族土官罕竟率兵参加征剿大勐麻（今云县茶房、大寨等地）有功，明政府设置勐勐土巡检，罕竟任巡检职。清朝沿袭之。勐勐土巡检罕氏辖域为今天双江中部及其边沿地区。清朝道光《云南志抄·土司志下·顺宁府》等记载："勐勐土官奉正，万历二十七年（1599 年）授巡检。"说明明政府一度设置过由奉氏担任土巡检的勐勐土巡检，但是，到清朝之后却没有记载，要么被罕氏吞并，要么被政府废除。其辖域为今天双江中部。清朝中后期，勐勐土巡检照旧设置。光绪十四年（1888 年），清政府析勐勐土巡检上改心地设上改心巡检即忙糯巡检，隶属镇边厅（厅治今澜沧江拉祜族自治县）。上改心即今天双江大文、忙糯、邦丙等地。光绪二十九年（1903 年），又析勐勐土巡检六圈地设四排山巡检，隶属缅宁厅（厅治今临翔区），六圈为困角、勐库、公弄、邦协、四排山、大勐峨，即今耿马自治县四排山、双江自治县沙河乡、勐库镇等地。勐勐土巡检直接管领的范围只限于双江坝子，势力受到严重削弱。民国元年（1912年），镇边厅改设澜沧县，上改心巡检改设为县佐，县佐公署设在忙糯；缅宁厅改县，四排山巡检改设为县佐，县佐公署设在双江那赛营盘。民国11年（1922年），民国地方官员彭锟以勐勐土巡检抗交军粮为由，将最后一任土司代办罕华堂逮捕关押。到此，勐勐土司320多年的历史结束。

云州大勐麻巡检司土巡检。明朝时期，大候州傣族势力日渐膨胀，在州东部大勐麻一带形成以俸健为头人的傣族势力。万历二十二年（1594年）大勐麻傣族第四代首领俸恭从明军抗击缅甸入侵有功，被授土巡检职。清代继续授此职。大勐麻即今云县茶房、大寨等地。清中后期，大勐麻土巡检继续保留。光绪十八年（1892年），地方官趁土巡检内部纷争缴巡检印信，大勐麻土巡检被废黜。

勐撒巡检司土巡检。据《明史·云南土司一·顺宁》载，勐撒为顺宁境内的三勐之一（另两勐为勐缅和勐勐）。勐撒土巡检授于明万历二十七年（公元1599年），仅存一代，后并入耿马。勐撒巡检辖域，今耿马自治县勐撒镇一带。

阿林寨土巡检和莽水寨土巡检。道光《云南志抄·土司志下·顺宁府》和《新纂云南通志·土司考一·顺宁府》等记载，明朝顺宁府有“阿林寨土巡检杨氏，莽水寨土巡检莽氏”等。这两个土官仅存职衔、姓氏，并且到清朝之后也没有任何记载。龚荫在《明清云南土司通纂》一书中认为其方位在今天双江、耿马两县交界处。耿马自治县东部芒洪拉祜族布朗族乡有阿林寨，并且杨氏是当地的大姓，阿林寨土巡检可能就是这一带地区；但是，莽水寨土巡检莽氏应该在昌宁县内，因为该县今天仍然有莽水这一地名，莽氏也是当地“蒲人”。

勐角董土千总。同治十二年（1873 年），析耿马土司辖地设勐角董土千总，并划挡怕河为界，委任罕荣高任土司，传 8 代，末代土司罕富民。勐角董土千总辖地为今沧源佤族自治县勐董、勐角等地。民国 25 年（1936 年），民国政府设置沧源设治局，废除土司府署，但是土司罕富民先后任设治局区长、沧源议会议会长、国民党国大代表等，土司仍然具有一定的势力和影响力。1949 年 5 月，在地下党员李培伦的带领下，岩帅民族武装解放勐董，土司统治时代告终。

班洪土总管。光绪十七年（1891 年），因在调解“勐允土目罕荣升与勐角董土目罕荣高挟嫌寻衅一案”出力有功，清云贵总督经奏请给佤族上葫芦土目达本赏赐土都司衔，并赐姓“胡”，名“玉山”，准其世袭，并颁发铜质“世袭班洪总管土都司”印 1 枚，这就是班洪土总管的建立。民国 23 年 4 月（1934 年），云南省主席龙云委任班洪王达尖准（胡忠汉）为“班洪总管”。末代总管是胡德胜，但因其年幼由其叔父胡忠华代办，一直到班洪地区解放、建立人民政权为止。班洪总管土都司管辖范围主要是今沧源佤族自治县班洪乡一带。

临沧土司是临沧地处边疆和多民族历史发展的产物，它的存在一方面为国家版图的奠定和多民族国家的建立提供重要的基础，另一方面，土司的残酷统治和压迫剥削阻碍了边疆少数民族地区经济社会发展，土司衰亡同样是历史的必然。

（六）设治局的设置

清朝时期，特别是雍正四年（1726 年），云贵巡抚鄂尔泰在云南、贵州等地进行大规模改土归流，大量的土官被流官代替，土司政权逐渐被废除。然而，在少数民族高度聚居的沧源、耿马、双江等地，土司仍然具有一定的传统影响力，推行改土归流政策仍然有一定难度，土司政权不得不延续下来。

1911 年，清朝政府被推翻，“中华民国”建立。为加强对边地的管理，设置第一、第二殖边督办公署。第一殖边督办公署驻腾冲，凤庆、镇康等地归其管辖；第二殖边督办公署驻宁洱，双江、沧源等地归其管辖。另外，为了少数民族集聚区政权机构设置与全国一样，民国政府采取了设置设治局的办法，然后逐步过渡，条件成熟之后，建立相对应的政权机构——县级政府。

各地设治局的设置，时间前后不一。民国元年（1912 年），镇边厅改设澜沧县，上改心巡检改设为县佐，县佐公署设在忙糯，即今天双江自治县忙糯政府驻地；缅宁厅改县，四排山巡检改设为县佐，县佐公署设在双江那赛营盘。在今天镇康县勐捧镇内设勐捧县佐，但很快废除。县佐为当时的副县级机构，它的设置不仅削弱了土司的权利，而且为设治局的设置创造了条件。民国 11 年（1922 年），民国地方官员彭锟以勐勐土巡检抗交军粮为由，将最后一任土司代办罕华堂逮捕关押。到此，勐勐土司 320 多年的历史结束。

中华民国 28 年 10 月（1939 年），耿马设治局筹备委员会成立，完成对耿马土司的废除。耿马设治局先后有 11 任设治局长走马上任，但基本上是虚设，耿马地方实权仍然被土司掌握。耿马设治局成立之后，在孟定设镇，仍划归镇康县，基于土司的传统影响力，镇长仍由世袭土司罕万贤担任。

民国 25 年（1936 年），民国政府设置沧源设治局，废除土司府署，龚月轩以委员身份来勐董，筹备成立沧源设治局之后，任第一任局长，之后，又有几任局长，但任职时间都很短，有的甚至不到任。土司罕富民先后任设治局区长、沧源议会议会长、国民党国大代表等，土司仍然具有一定的势力和影响力。

中华民国23年4月（1934年），云南省主席龙云委任班洪王达尖准(胡忠汉)为“班洪总管”。末代总管是胡德胜，但因其年幼由其叔父胡忠华代办，一直到班洪地区解放、建立人民政权为止。班洪王被委任为“班洪总管”，主要是基于他在“班洪抗英”斗争中的杰出表现。

设治局的设置，尽管大多数形同虚设，但是，这在少数民族集聚地区的政权建设中不失为一种积极的探索，为少数民族地区与国内其他地区的经济、文化联系发挥了一定的作用。

（七）人民政权的建立

1950年11月，今天的临沧市全境全部解放，彻底消灭和肃清了国民党反动军队的残余势力和敌特的一系列破坏活动，建立和巩固新型的人民政权，成为一项重要的头等大事。

凤庆、云县、镇康(含永德)、临翔、双江等县，在1950年初，都建立了人民政府，县内各民族走上了社会主义革命和建设的光明大道。

然而，沧源、耿马等地由于地处边境，国民党反动派的残余势力还在不断地进行破坏活动，妄图颠覆推翻中国共产党领导下的人民政府。在这种情况下，边疆地区风云突变、波诡云谲，巩固人民政权面临着艰难复杂的斗争。

1948年11月初，中共地下党员李培伦等人就进入沧源岩帅一带开展革命工作，宣传中国共产党的政治主张、民族政策、统战政策，揭露国民党的反动本质和国民党政府卖国、内战独裁的罪恶，当地佤族上层人士，田兴武、田兴文、肖哥长等积极要求参加革命武装，接受共产党的领导。1949年2月10日，中国共产党“回国党组”在澜沧县佛房召开扩大会议。会议重要内容之一是决定设立缅宁（今临翔区）行政公署，下辖缅宁、双江、沧源、耿马4个县。田兴武被任命为沧源县临时人民政府县长，魏文才被任命为沧源县副县长。岩帅革命武装被整编为“迤南边区人民自卫军一支队”第十大队和佧佤山守备大队，田兴文和田子昌分别担任大队长。同年5月6日，岩帅革命武装解放沧源勐董，摧毁了国民党沧源伪党部和国民党沧源设治局，活捉了国民党沧源设治局局长雷树苍等，宣告国民党对沧源各族人民的反动统治彻底结束，沧源革命根据地正式建立，沧源宣告解放。

1951年5月15日，正当朝鲜战争紧张进行的时候，逃遁缅甸的李弥被蒋介石封为“云南省主席兼反共救国军总司令”，纠集境外国民党军残余部队和收编境内土匪共8000多人的反共武装，动用飞机、大炮等现代武器装备，在台湾国民党政府的支持下，大肆窜犯阿佤山边境地区，沧源、耿马、双江等许多地方遭到进犯，严重影响了边疆的安宁，对人民政权造成了一定的威胁。

1951年6月3日，云南省军区召开紧急军事会议，作出坚决粉碎国民党李弥残匪军事窜扰的重要决定。同年7月，中国人民解放军从几个不同的方向，对李弥残匪实行围剿和歼灭。在边疆各族人民及中国共产党领导的地方武装配合下，主力部队隐蔽地占有机动位置，诱敌深入断其退路，以歼灭其有生力量为主要目的，取得了沧源岩帅、勐董、耿马孟定等主战场之战的伟大胜利，彻底粉碎了国民党反动派的“反共救国”“光复大陆”的梦想。沧源、耿马获得了解放，彻底回到了人民政府的手里。胡忠华被指定为沧源县人民政府代理县长，肖哥长任副县长。1952年11月，中华人民共和国政务院批准沧源县归属缅宁专区（今临沧市前身），12月沧源县人民政府驻地从岩帅搬迁到勐董。至此，沧源县人民政府才真正走上了健康发展的道路，成为在中国共产党领导下，真正带领阿佤山各族人民建设社会主义的地方人民政府。由于各级党委和人民政府采取了争取和团结土司头人的一系列政策，激发了他们爱国家、爱家乡的民族感情，耿马傣族土司罕富有、孟定土司罕万贤、沧源傣族土司罕富民等外逃的纷纷回国，参加人民政府，罕富有1955年11月当选耿马傣族佤族自治县人民政府第一任县长；罕富民1956年1月被临沧专员公署任命为沧源县人民政府副县长。1956年，通过“和平协商”和“直接过渡”等特殊政策，这些少数民族地区社会主义民主改革全面完成，实现了由封建领主制、原始社会末期向社会主义社会过渡的历史性跨越，临沧土司获得了新生，参加社会主义革命和社会主义现代化建设。

（八）专区的设立

1950年12月24日，云南全省基本上解放。当时，今临沧市所属的8个县区，分别归属大理、保山和普洱 3 个专区。

为了加强边疆民族地区工作，经政务院批准，1952 年 8 月 6 日，中共缅宁地方委员会成立。同年 10 月 14 日，缅宁地区行政专员公署正式成立，辖缅宁（今临翔区）、双江、沧源、耿马 4 个县。

根据政务院《关于处理带有歧视或侮辱少数民族性质的称谓、地名、碑碣、匾联的指示》（1951 年 5 月 16 日）的精神要求，1954 年 7 月，“缅宁县”改为“临沧县”，“取临近澜沧江之意”，同时将缅宁专署更名为临沧专署。“临沧”取代“缅宁”，“临沧”作为州市一级行政区划的名称最终确立下来。1955 年 10 月，撤销耿马县，成立耿马傣族佤族自治县。1956 年 8 月，凤庆和云县两个县从大理专区划出，归临沧专区所辖。1959 年 1 月，凤庆和云县两个县合并，成立云凤县，县人民委员会设在凤庆。同年 10 月，撤销云凤县，恢复云县人民委员会。1963 年 9 月，镇康分开为镇康和永德两个县，新的镇康县县城先后设在忙丙、凤尾、南伞。永德县城设在德党镇，“永德”取自永康和德党两个地名首字。1964 年 2 月，撤销沧源县，成立沧源佤族自治县。这样，在“文化大革命”

之前，临沧专区县的建制稳定下来，全区辖临沧县、凤庆县、镇康县、云县、永德县、双江县、耿马傣族佤族自治县、沧源佤族自治县。“文化大革命”期间，临沧专员公署被撤销，先后设立临沧专区革命委员会、临沧地区革命委员会。1978年7月，撤销临沧地区革命委员会，成立临沧地区行政公署。1985年6月，撤销双江县，成立双江拉祜族佤族布朗族傣族自治县。至此，临沧地区除了辖临沧、凤庆、镇康、云县、永德5个普通县之外，辖耿马、沧源和双江3个自治县，“临沧”作为一个固定的地名，其四至范围、辖区面积也相应固定下来。

（九）撤地设市

2003年12月26日，经国务院批准，撤销临沧地区行署和临沧县，设立地级临沧市，临沧县改为临翔区，临沧市辖七县一区。至此，云南省又一个新的地级城市——临沧市正式成立。至此，我省所辖16个地级行政机构已全部撤地设为州市。

2004年11月，临沧撤地设市庆典活动圆满完成。“临沧地区行政公署”被“临沧市人民政府”

所取代，全市辖临翔区、凤庆县、镇康县、云县、永德县、耿马傣族佤族自治县、沧源佤族自治县、双江拉祜族佤族布朗族傣族自治县。临沧作为一个崭新的地级行政区划边疆市，正逐步向富裕民主文明开放和谐迈进，向更加美好的明天和未来迈进。

三、史海钩沉

（一）富集的石器文化

人类脱离动物界的主要标志是能够使用和制造工具。人类最早使用的、能够留下的最早的工具遗物是石器，分为旧石器时代和新石器时代。

有石器的地方说明就有了人类的活动。临沧市内沧源农克硝洞遗址和镇康淌河洞两个旧石器文化的发现，说明在洪荒时代，这里就已经有了人类的活动。并且值得注意的是，2011年出版的、何耀华总主编的《云南通史》把这种旧石器文化归类为“以沧源硝洞遗址为代表的文化类型”，同时还包括了西双版纳州橄榄坝遗址和景洪檀米妈囡地点。这充分说明，在远古时期，临沧就已经有人类繁衍生息，创造了具有自己特点的地方文化。

沧源农克硝洞遗址位于沧源佤族自治县勐省

镇农克行政村，发现于 1981 年 10 月。遗址在贺勐河东岸的山腰上，高出贺勐河水面 15 米，洞高约 50 米，宽约 60 米，深约 40 米，洞内宽而平整，面积约 2400 平方米。石器原料均选自附近河床的砾石，最小石制品长度为 75 毫米，最大石制品为 144 毫米，平均长度为 107 毫米。发现的石器有薄刃斧、尖状器、手镐、砍砸器、刮削器及粗加工砾石等，这些石器大多数“具有双面的打制意识、有远端及近端的斜向去薄工艺和薄刃斧长方形的概念”，为旧石器晚期文化。该遗址的发现，在云南省西南部地区属首次。专家认为，沧源农克硝洞遗址石器特点显示的“更多的是在该地区形成了自己的区域文化。”（《云南通史》第一卷 92 页）说明临沧市是一个具有自己源远流长的地方文化的边疆地区。

镇康淌河洞旧石器遗址位于镇康县军弄乡南翁坝橡胶厂东南 500 米处的半山坡上，洞口以西 500 米处为南汀河，发现于 1982 年。洞高约 10 米，宽约 25 米，深约不清。洞内钟乳石千奇百怪，遗物有打制石器、砍砸器、刮削器、石刀等，为玄武岩制成。据科学鉴定，距今 1 ~ 5 万年。

云南省新石器文化遗址非常丰富，考古专家把它们分为八种类型，其中云县忙怀型位列其中。临沧市是云南省新石器文化遗址最为富集的地区之一，这些新石器文化遗址主要集中在澜沧江中域及其支流小黑江流域一带，主要的有云县旧地基、曼志、忙亚、马鹿塘、百户寨、忙卡，临翔马台、双江忙糯，耿马石佛洞、南碧桥等。

忙怀型新石器以大量发现用河卵石片打制的有肩石斧为特征，有钺形、靴形、长条形等。石器磨制的痕迹不明显，出土的陶片极少，为夹砂陶，以绳纹为主。耿马石佛洞出土碳化稻谷，说明石佛洞已经开始了原始的农业。但从忙怀型遗址大都地处高山深谷和很少出土陶器的情况看，忙

新石器

昔归新石器遗址

怀型居民的社会生活可能以游牧为主。

忙怀型新石器文化距今约3000年，与沧源崖画时间基本上相当。学界认为，忙怀型新石器文化的创造者是“濮人”，他们就是佤族等民族的先民。

玉　碧

怒江——萨尔温江支流——南汀河流域还发现了耿马孟定南京章、沧源忙卡坝等新石器遗址。出土陶器以夹砂红陶为主，并有用卵石打制的网坠等遗物，出土的石器与孟连、景洪曼蚌囡等处的新石器相近。这些文化遗址同样是“濮人”留下的。

也有人把临沧境内发现的这些新石器文化遗址划分为四种类型，即忙怀类型、忙糯类型、南碧桥和南京章遗址。不管怎样划分，这些新石器文

那蚌陶碗

化遗址的发现，充分说明临沧在新石器时代人类的活动就已经非常广泛了，是古代文明重要的起源地之一。

按照历史发展的一般规律，石器时代之后，出现金石并用、青铜器时代。从云南省的情况看，这一时代是在春秋到西汉时期，出现了云南青铜文化的辉煌代表——滇文化，铜鼓是它的主要特色。考古研究成果告诉我们，云南是铜鼓的起源地，铜鼓的创造者是“濮人”。然而，从目前看，只在云县幸福、镇康南伞两地发现几只铜鼓，还有在云县幸福发现采铜矿遗址的报道，但看不出炼的是什么铜器。除此之外，其他青铜器如青铜剑等在凤庆、云县、永德等地也有零星发现。总之，“从临沧出土的古代青铜器看，数量不如新石器多，与滇池地区相比，很显然，铜器还没有充分发展。”（临沧地区文物普查队《临沧地区文物普查收获概述》，载《云南文物》总第 12 期）

（二）大石墓之谜

古墓，特别是墓碑具有研究历史的重要价值。临沧市地处边境，汉文墓碑的出现是在清朝初年。然而，在此之前，临沧境内有一种古石墓，为我们了解和认识临沧地方历史提供了帮助。

这种古石墓与云南省著名考古专家、云南省博物馆张增祺先生做了研究的“大石墓”属于同类，存在的时间大致从公元前8世纪左右开始，一直延续到公元前1世纪，主要集中在四川省南部和云南省西部多个县份，临沧市双江自治县也包括其中。张先生认为，这种古墓的族属是我国南亚语系孟高棉民族佤族、布朗族、德昂族。

根据我们调查，其实这种古墓在临沧市临翔区、永德、镇康等县也有分布，其中以临翔区博尚镇碗窑村委会腊托自然村最为集中。该村有一片令人生畏的神秘古树林，当地人称之为“竜树林”，占地约50亩，有古树20多棵，树很高大，多数在30米以上，树蓬如盖，但树心均空。当地人称这种树叫“大白皮树”“吉利树”，不敢采伐。赵明生曾经邀请我国著名的民族植物学家、中国科学院昆明植物研究所裴盛基研究员实地考察，裴研究员指出，该古树是铁冬青树，树龄在500年以上。“竜树林”内有许多同“大石墓”风格一样的古墓群，达上百座，多数为未经打制的整石砌成，有门无碑文。博尚镇永泉行政村等地也有这样的古墓，其中本村旁边的古墓群中有一座墓头为圆形的，当地人称为“咩王坟”，即“女王坟”之意，附近有“佤王地”“濮蛮大山”等与佤族及南亚语系民族相关的地名。当地人都说，这些古树是佤族栽的，是他们的神树，古墓是佤族的古墓。说明这些地方，曾经是佤族的主要聚居区。

今天，腊托寨村民身份均填报傣族，大多数会用傣语，但是，他们说他们其实是“濮蛮”，即布朗族，个别老人还能够讲布朗族语，其中一个叫金老大的老人，还能够全部讲布朗族语（2007年调查时）。周边均已没有佤族村寨，佤族为什么迁移呢？民间传言是这样的：当时，这里的佤族具有一定的势力，不把当时的地方官府放在眼里，拒绝承担官府的徭役赋税。在这种情况下，地方政府请示上一级政府，政府派大兵讨伐，佤族溃败，迁移他方。

今天永德佤族、布朗族、双江部分佤族均还保留这种墓葬习俗。在永德布朗族中，流传着这种石墓来源的传说：很久很久以前，有一对母子，母亲慈爱，儿子孝顺。随着孩子渐渐长大，母亲的身体已是每况愈下，以致生活难以自理。此时，正值多事之秋，连年战事使青壮年男子不得不抛家弃子，奔赴战场浴血奋战。孝顺的儿子不忍将老母留在家里，毅然决然背着她上战场。时光飞逝，母亲随同儿子四处转战，转眼渡过了 7 个春秋，母亲油尽灯枯溘然长逝。在伙伴们的帮助下，他火化了母亲的尸体，把骨灰放到罐子里背着走。过了 3 年，他妈妈托梦告诉他：你已背了我 3 年，已经够了，可以埋了，只要放三个石头就行。从此，这种用石头垒成的石墓就传了下来，表达了人们对前辈的尊敬与怀念就像石头一样永远不变。

（三）契丹人寻踪

镇康、永德、施甸等县佤族“本人”（佤）支系中，在一部分人中流行着一种说法，他们说自己是“契丹人”的后裔，甚至称自己为“契丹族”，这是怎么一回事？

这要从学界说起。云南省民族研究所杨毓骧在《云南契丹后裔考说》《云南契丹小字的遗存与释义》等文章中，提出今天保山市施甸县、临沧市永德、镇康两县“本人”中的“阿”姓是契丹人后裔之说后，当地有部分布朗族、佤族由于民族知识有限，就简单地说自己就是“契丹族”，有的甚至提出要更改自己的族别。

为了正本清源，我们有必要讲清其来龙去脉。

不错，在我国历史上，确实曾经存在“契丹”这一族群，他们源于鲜卑，是我国北方古老的族群之一。曾经在我国东北建立“契丹”国、辽国，与北宋对峙，创造契丹文，有辉煌灿烂的民族文化。他们是怎样从迢迢千里的北方迁移到云南的呢？

辽衰落之后，契丹先是被女真人所灭，之后归附蒙古。1251 年，忽必烈率军南征四川、云南等地，“元跨革囊”进入云南，大理国溃败。众所周知，由于成吉思汗的去世，忽必烈旋即返回，留下兀良合台继续平定大理未附各地。元朝设置云南行中书省，赛典赤·赡思丁首任平章政事，即云南省第一任省长。

当时参加南征的蒙古军中，有大量归附的“契丹”人。就是在这样的历史情况下，滇西一带就有了“契丹”人。后来，这部分“契丹”人被“本人”即当地佤族、布朗族所容纳、吸收，实现了民族的相互融合、相互同化。“本人”中所谓的“契丹”人之谜就是这样一回事。

学界的研究，其实就是在讲述这一历史，通过它在叙说我国各民族形成的情形。事实上，“契丹”人作为一度强大的北方民族，后来大多数融合到了汉民族当中，成为汉民族的重要来源之一。所以，著名学者、中央民族大学贾敬颜先生曾经撰写了《“契丹”——汉人之别名》《汉人考》等学术论文，进行了较为详细的考证。

其实，“阿”并不是契丹的姓，历史上著名的契丹首领“阿保机”，姓“耶律”。说濮人中的“阿”姓与契丹有关是错误的。“阿”其实就是濮人的姓氏之一，甚至被部分彝族所接受。

这事清楚地告诉我们，民族的形成是一个动态的过程，民族之间通过经济、文化相互交流、影响，最后形成一个共同体，这是历史的规律。所以，事实上，一个民族共同体，一般地说是靠经济、文化而成的，我国有一句古话说：“入夷则夷，入华则华，”就是这个道理。

（四）李定国惨淡经营阿佤山

明末，农民起义如火如荼，波澜壮阔。然而清军入关，在国内民族矛盾占主要矛盾的情况下，那些农民起义的领袖们大多数转而成为明朝政府的拥护者，李定国就是这样的人物之一。

李定国字宁宇，陕西榆林人（一说延安人）。10岁参加张献忠部起义军，成为杰出的农民起义领袖。清军入关后，他积极参与扶持南明政权的活动，成为联明抗清的将领。1658年12月，吴三桂率领清军逼近昆明，在无力抵抗的情况下，李定国等簇拥南明永历皇帝朱由榔向滇西撤退。磨盘山战役失败之后，李定国率师南下进入临沧境内，在孟定、耿马、临翔、沧源等地活动，时间长达3年多。

在撤离昆明之前，关于方向问题，南明内部发生了争议，刘莅等人主张依刘文秀生前的遗嘱行事："臣精兵三万，皆在黎、雅、越之间，尝窖金二十万，请驾幸蜀"。李定国反对说："蕞尔建昌，何当十万人之至！"《南明野史》也载"发滇都，从之（李定国——引者注）西者数十万人。"倪蜕《永历帝入滇事略》同样有"十五日发云南，百姓愿代从未及者，号哭震天，王为停碧鸡关三日始行，从之者男女老幼几二十万人"的记载。说明当时撤离昆明时，李定国率领的军队在10万人以上。并且，李定国到达耿马驻师扎营之后，又有贺九仪“以精兵万人自广南全师来归”，还有白文选部将张国用、赵胜，咸阳候祁三长、孟津伯魏勇从广南（云南府）也前来投奔李定国。毫无疑问，李定国率部进入阿佤山，使阿佤山接受了一次大规模的外来移民，也密切了与内地其他民族的关系。

为了恢复明王朝的江山，从缅甸救出永历帝，李定国要求他的部队“一不杀人，二不放火，三不奸淫，四不宰耕牛，五不掠财货”，严格纪律团结当地少数民族的政策。同时，“就边地择妥居住，召集以图兴复”，积极发展经济，壮大势力。在阿佤山期间，李军开发了沧源班洪茂隆银厂、耿马悉宜银厂、澜沧募乃银厂、孟连公鸡银厂、沧源永和藤篾厂、澜沧木戛麻篾厂以及永广厂、山通厂、莫列厂等，其中最有影响者当推茂隆银厂。“茂隆”为佤语，即“大厂”之意。过去人们都认为，茂隆银厂是吴尚贤开发的，其实不是。李定国驻兵孟定期间，偶然发现沧源班洪、班老有银矿，决定开采。经协商：他与班老佤族王子和孟定傣族土司共同开发。当时，李定国还假永历帝之名封老佤族部落头人达香温勐为班老王，赐金印，金印保存至今。为当地佤族兴修水利，在今天沧源糯良乡、勐董镇喀斯特地貌地带留下了许许多多的“饶姆李”，即“李水”的美名，被当地佤、傣等民族传颂。佤族民谣“么老李的金，西老吴的银，老张打铁、杨木匠，朱拌土，老赵生活搞事务，炊事老王来担任”，“汉族师傅教会腊家（佤族）打铁木工盖房屋”表达了李定国对佤族所产生的深远影响。“至今，班老、班洪、南腊一带姓吴、王、李、杨、张的佤族，据说他们的祖宗都是汉族”。（方国瑜教授在《滇西边区考察记》）在李军的影响下，这里的佤族逐步改变了猎人头的恶习，生活方式发生重大改变。李军进入阿佤山区惨淡经营，使“汉人既入班洪者众，流风遗泽，影响于班洪土人之开化者甚大。经英人利诱威逼之不愿降英者，其心里之建树，即根源于此。所谓已故班洪王胡玉山即懂汉语，其兄弟子辈均通汉语，可想汉北之深入。土人及汉人约三分之一之比，皆惯居于此山地，自耕而食，自织而衣……”，无疑是各族人民共同开发、建设阿佤山的一次壮举，促进了文化交流和民族融合，对佤族人民热爱国家产生了深远的影响。

1662年6月27日，在南明江山彻底成为过去的情况下，李定国积劳成疾，忧愤而亡，享年42岁。然而，他与边疆各族人民特别是佤族人民的情谊长青，他的影响千秋万代永远不会消失。

（五）“孟神”崇拜的由来

凤庆县勐佑镇德思里佤族民间有一种“孟神”崇拜，这是怎样的一种神灵崇拜呢？

德思里是佤族的聚居地之一。1988年，这里成立德思里彝族佤族乡，2005年8月撤销之后，并入勐佑镇。佤族主要集中在新寨、新田村、大寨子村等几个行政村。五里冈村共38户，为佤、彝两种少数民族杂居，其中佤族占80%。五里冈村佤族主要有杨、李两家，当地人称他们为“老本人”。李姓家家堂屋均挂“天地国亲师”的神牌，其右侧挂祖宗灵位。崇拜“孟神”的是杨家。杨家有18户，俨然是该村第一大姓。他们称“孟神”牌为“黄牌”或者“圣牌”，牌位设在正堂中间，其左、右两边分别设祖先灵位和灶神位。一般情况下，他们每年要进行献祭活动两次，即每年农历二月初八日、八月十五日各进行一次，前者称“开堂”，后者称“收堂”。另外，每年杀年猪的农户，也必须献祭“孟神”；有的农户遇到灾难，也要择日献祭“孟神”以求禳除、得到保佑。

献祭“孟神”活动是由一个“先生”为首及其几个助手协助进行。所谓“先生”其实就是民间巫师，他除了能够念诵献祭“孟神”的一整套祷告语以外，还要识汉字、能写书法，这是因为“孟神”献祭活动时还包含着用汉字、毛笔重新书写“黄牌”这一内容。“孟神”献祭用猪头。做活动时，“先生”念祷告语的同时，其助手或敲羊皮鼓或拉二胡或打锣，人声、二胡声、鼓锣声交汇在一起，仿佛是配乐朗诵。除此，还要举行“扔猪头”仪式，即“先生”念诵祷告语之后，要任意向参加活动的人群扔猪头，谁得到谁就是有福之人。“黄牌”是在红纸上用毛笔书写的，年久日深便会出现纸张腐烂、字迹模糊的情况。在这种情况之下要进行换“黄牌”的仪式，做法与献祭“孟神”活动相同，不同之处在于增加了“黄牌”的重新书写和更换而已。

农户杨廷军家“黄牌”，书写为对联式，即：

“香烟上天天上事（上联），灯花落地地生财（下联）。天地为烟（横批）”。对联中间书写内容是：“天地三界十方万灵真姥之神位（标题）”，竖写在“黄牌”中央，“黄牌”中间、横批下面写着“楼阁”二字；“楼阁”左右分别写“凤”“凰”二字，紧靠它们的又分别是被光芒圆圈环绕的“日”字和只有圆圈而无光芒环绕的“月”字。“黄牌”正文（权且这样表述，不知妥当与否）两边书写“田公张鲁□苍”和“地亩二班□李”。正文主要一一书写所献祭的诸位神灵的名称和职能，位列前四位者分别是：“连斌指路——猛大泰爷，猛大泰泰指旗小哥；招财童子猛二泰爷，猛二泰泰官斌老将；顺手遮郎猛三泰爷，猛三泰泰官斌小哥；飞□童子猛四泰爷，猛四泰泰南迫家事……”。也就是说，所谓“孟神”指的就是猛大泰爷、猛二泰爷、猛三泰爷和猛四泰爷这四个人了。

五里冈村“孟神”献祭活动，只流行于佤族杨家，而其他村民均无此习俗。之所以如此，有两种可能性比较大，其一是杨氏与“猛氏”关系密切；其二杨氏根本就是“猛氏”的后代。至于前者容易理解，但后者有人可能就会嗤之以鼻，这是因为对地方历史、民族历史缺乏认识而产生的。根据《明实录》记载，万历二十八年（1600年），明王朝“灭孟安汉”剿灭“濮人”孟氏，导致“莽四等酋皆授首，十三寨悉平”，“斩擒计一千八百八十七名，降附安插至一万二百六十有奇”。可见这对于凤庆县境内的“濮人”是一次毁灭性的打击，从此他们隐姓埋名，出现“阿改杨”“阿改蒋”“莽改蒋”等，以躲避灾难，之后，孟姓在凤庆县境内几乎绝迹。

当时，凤庆县境内的“濮人”的“阿”“孟”“莽”等姓氏，其实就是一个。也就是说，五里冈村杨家“黄牌”上的“猛氏”其实就是《明实录》当中的“莽氏”。所以，说五里冈村杨家就是“猛氏”的后代是有充分的依据的。

明王朝镇压凤庆县“濮人”之后，在这里推行改土归流政策，首任流官知府余懋学走马上任。之后，汉族、彝族等其他民族渡过汹涌的澜沧江，源源不断地迁移到临沧云县、凤庆等地，“濮人”在这带地区的主体地位被代替，但是他们对这片土地的开发与贡献，后人是不应该忘记的，而是应该载入史册，流传千古。

“濮人”孟氏统治顺宁府长达270多年，实现了局部的统一，这是他们对中国历史的一大贡献，正如历史学家所说，历史上某些地区少数民族建立的政权，实现了局部统一，为统一的多民族国家的建立奠定了基础，是有进步意义和历史贡献的。加之，“濮人”孟氏被镇压是从诬陷顺宁府土知府孟廷瑞肇始的，所以这个历史事件之后，顺宁府内许多地方出现了各民族群众自发建立“孟公祠”“孟公庙”的状况，至今孟氏的事迹在凤庆县民间广为流传，特别是关于独脚孟五郎的故事，令人震撼、催人泪下，寄托着他们对孟氏的追念。

（六）吴尚贤与茂隆银矿

前面已经提及，李定国就边地择妥居住，召集以图兴复。“烧矿冶炼，设厂造舟”，创办沧源班洪茂隆银厂、耿马悉宜银厂、澜沧募乃银厂、孟连公鸡银厂、木邦波龙银厂以及西盟永广厂等，其中最有影响者当推茂隆银厂。从此，“穷走夷方，急走厂”的内地矿工，络绎不绝奔赴阿佤山，吴尚贤就是其中的一个。

乾隆十一年（1746年），“吴尚贤者，石屏州（今云南石屏县）民也，家贫走厂，抵徼外之葫芦国，其酋长大山王蜂筑信任之，与开茂隆厂，厂大赢……”吴尚贤初到厂时只是一个割马草的勤杂工，是在一个偶然的机会被民主推举当上了矿主。由于他经营得当，使茂隆银厂成为当时云南境内最大的银厂之一，史载：“昔滇银盛时，内则昭通之乐马，外则永昌之成隆，岁出银不赀，故南中富足，且利及天下”（檀萃《滇海虞衡志》）。蜂筑王与吴尚贤锲木为契，此木契长期被班老佤族保存，中华人民共和国成立后被国家文物部门征集。沧源班洪、班老等地佤族有句民谚：“么老李、刁老吴”，“么”即“矿”，“刁”即“金子”，译为：“老李的矿，老吴的金子”，意为：矿是老李的，老吴开矿发了大财。这里的老李和老吴分别就是李定国和吴尚贤。佤族把“李定国”“吴尚贤”与矿、金子联系起来传颂，正说明二人的事迹是前后承袭的。当地佤族叫魂时，还念道：“我们用茂隆矿请你，我们用班老矿请你，我们用老李的银请你，我们用老吴的金请你，茂隆厂的威力大”。当地有一条称“金河”的河水，是因当时矿工淘洗金矿而得名的。总之，茂隆银厂是李定国首先开采、建办起来的。

根据相关资料记载，茂隆银厂矿工除了云南省的以外，还有四川省、湖南、贵州、江西等地的，矿工达上万人，矿洞有数百个，成为当时云南省的两大矿厂之一。茂隆银厂做强做大，是清政府不能允许的，一方面大额征收课税，每年达数千两；另一方面又怕矿工“行止有怪”，“滋事生端”，便采取“渐次解散之法。”乾隆十六年（1751年），吴尚贤组织一个拥有9头大象的庞大商队，上京纳贡，回到昆明，就被“滇吏借事毙于狱”。嘉庆五年（1800年），清政府封闭了茂隆银厂。

尽管茂隆银厂封闭了，但对当地佤族人民产生了很大的影响，一方面，矿工一边开矿一边开田种地，传播了先进的生产力，促进了当地佤族经济社会发展，改变了当地佤族猎人头等落后的生活习俗；另一方面，厂被封之后，大批矿工流落阿佤山区，与当地佤族等民族通婚，促进了民族融合、民族同化。所以，至今当地佤族人民还普遍流传着吴尚贤的传说，对他很尊敬。

（七）孙中山先生的滇缅铁路梦

修滇缅铁路，是中缅两国人民的梦想。

早在上个世纪初，旧民主主义革命先行者孙中山先生除了完成推翻封建主义伟大斗争的历史使命以外，殚精竭虑、呕心沥血完成的《治国方略》，包括《孙文学说——行易知难（心理建设）》《实业计划（物质建设）》及《民权初步（社会建设）》三个部分，全面阐述了他激情昂扬的建国思想。其中从1917年到1919年在上海市完成的《实业计划》，是他精心编制的宏大而具体的经济建设蓝图，它的发表无不让每一个爱国者受到极大的鼓舞。

《实业计划》是孙中山先生根据自己“仔细研究工业建设问题和解决法”而规划的一条工业化的道路。他在计划书中说：“予之计划，首先注重于铁路、道路之建筑，运河、水道之修治理，商港、市街之建设，盖此皆为实业之利器，非先有此种交通运输屯集之利器，则虽全具发展实业之要素，而亦无由发展。”关于铁路建设的重要性，孙中山先生很早就有这样的认识。早在1891年，他所撰写的《农功》一文中就提出了“亟宜造铁路”以屯田戍边的主张。1894年6月，他在《上李鸿章书》中直言“地球各邦今视铁路为命脉矣”，大声疾呼中国修建铁路，实现商兴民富国强。袁世凯窃取辛亥革命的胜利果实之后，孙中山先生到北京与他共商国是。1912年8月24日，孙中山先生到北京，当晚袁世凯宴请，在谈话中，孙中山先生针对我国“商务凋敝，民不聊生，金融滞塞”的状况，提出挽救之术是“唯有兴办实业，注意拓殖，然皆恃交通为发达之媒介，故当赶筑全国铁路，尚望大总统力为赞助，早日观成，……”又在一次宴会上，孙中山先生对袁世凯说“让项城（袁世凯字）作总统十年，练兵百万，我经营铁路设计，把铁路线延长二十万里，民国即可富强。”说得袁世凯非常高兴，他站起来大呼“孙中山先生万岁！”（李凡著《孙中山全传》，北京出版社，1991年版，第235页）他提出了“交通为实业之母，铁道又为交通之母”的科学论断。在为《铁路杂志》的题辞中，开头就指出“夫铁路者，今日文明富强之利器也。……予为转一语曰：民族兴其国，必先修其路。”

为了进一步认识铁路对我国的重要性和提出科学的规划，孙中山先生在北京期间，不顾劳累还到张家口视察了设计修建的铁路。在上海期间，经常到旧书摊购买各种书籍，有时买得书太多了，就租马车拉回住所。在家里“总是把家具搬开，在地板上铺着地图，自己坐在地上，拿着放大镜仔细观察。”（引自李凡著《孙中山全传》第300页。）他就是这样以严谨负责的科学精神，完成了铁路发展蓝图的规划，总的目标是在尽可能短的时期内，建成“全国四通八达、流行无滞”的铁路网。他辞去总统职务之后，即提出修筑10万里铁路的计划，在《实业计划》中，他将这一计划具体化为六大铁路系统即中央、东南、东北、西南、西北、高原，从边疆到内地，从西北到江南，四通八达，无远弗届，甚至连干线、支线也拟定得十分具体。

说到孙中山先生对铁路规划具体化，这从对滇缅铁路的规划中可以看出。孙中山先生在《实业计划》中的“第四计划”作了详细的描述：“此线起自叙府，循叙府－大理线路轨，直行至雷波。即由扬子江上游名曰金沙江横过，沿此江之上流左岸，至其湾南处，即横过成都－沅江线，至元谋。复由元谋前行，至楚雄。横过广州－大理线，至景东。复向西南前行，横过澜沧江，至云州。然后转向西南向，循潞江支脉至孟定，以边界为终点。

此线共长约五百英里。”

这就是孙中山先生所看到的滇缅铁路的最佳路线。这条线就是从普洱市景东彝族自治县接起，横跨澜沧江之后，到达我市的云县，然后沿着潞江支脉即南汀河，到达孟定，然后出境进入缅甸。孙中山先生把这条铁路列入“高原铁路系统”其中的一条。当然，可能由于当时孙中山先生查阅的地图有限，“横过广州－大理线，至景东”的说法，因为大理在景东以西，与地理空间似乎有些不妥，但是，景东在临沧以东，从景东接铁路线也是可以的。不管怎么说，孙中山先生选择滇缅铁路线的计划是正确的。

若我们从地理位置和其他相关资料，以及后来的铁路建设实践看，我们不得不惊叹孙中山先生的聪明才智和过人的远见卓识。

1752 年 2 月，阿佤山茂隆银厂厂主吴尚贤带着缅甸东吁政府使臣希里觉顿为首的使团，从昆明赴北京，向我国清王朝进贡。6 月抵达北京，清高宗乾隆皇帝很高兴，在太和殿接受缅甸使臣朝贡。7 月，缅甸使团离京回国，不幸使臣希里觉顿在途中患病，于 10 月间病故，葬于贵州安顺府毛口驿，后移葬我市云县。当时，缅甸东吁政府政治、经济、文化中心在勃固，这里是仰光－内比都－曼德勒和仰光－毛淡棉铁路的交汇处，是曼德勒、仰光、毛淡棉三大商业中心的转运站，交通位置重要。使臣希里觉顿为首的使团来回的路线就是缅甸——阿佤山——昆明——北京。正因为这样，云县才成为希里觉顿移葬的地点。这说明，这条路线是我国与缅甸交往的捷径，也是我国通向南亚和东南亚的陆上捷径。

1886 年，缅甸成为英国殖民主义之后，就开始对我国西南地区的侵略活动。在这种情况下，诞生了 19 世纪、英国人 H.R 戴维斯撰写的《云南：联结印度和扬子江的链环》一书，对兴建缅甸到中国西南地区的铁路,作者认为最佳线路是:“……从腊戍延伸到滚弄……滚弄到云州（今临沧市云县）”。

1937 年 7 月 7 日，“七·七”卢沟桥事变爆发，日本军国主义发动的全面侵华战争开始。淞沪会战上海沦陷之后，1937 年 12 月 13 日，国民党政府所在地南京沦陷，我国华北、华东广大地区被日本军国主义占领。在这种情况下，为保障军需供给，阻止日军进攻，1938年秋，中英美三方会商，决定修建滇缅铁路。当时滇缅铁路有北线和南线两条线的计划，即北线：昆明—祥云—下关—保山—腾冲，之后出境接缅甸铁路干线密支那站；南线：昆明—祥云—弥渡—南涧—云县—缅宁（今临翔）—镇康—孟定—南汀河口，之后出境接缅甸铁路支线腊戍站。到底是选择北线还是南线？当时发生了激烈的争论。经过工程技术人员的实地勘察测量，北线有横断山脉，高地相差悬殊，工程量太大；南线里程较短，比北线近200多公里，工程容易，且需经费少，南线计划被采纳。南线全长886公里，1939年2月开工。1942年7月，日军仅仅用了6个月的时间基本上就占领了缅甸，仰光到腊戍的铁路运输线被切断，滇缅铁路失去了价值。工程停止，功亏一篑，留给人们的只是那些残缺的路基，残垣断壁桥墩。

历史文献资料告诉我们，临沧确实是我国与东南亚地区和南亚次大陆之间最近的结合地，是我国通往东南亚和南亚地区陆地上的捷径。认识了这一点，我们不得不敬佩孙中山先生的远见卓识，他的“铁道立国”思想和建设理论，无疑是我们今天实施“一带一路”战略和实现中华民族伟大复兴的中国梦的宝贵的精神遗产。

（八）勐缅拉祜族抗清斗争

“勐缅”是今天临翔区的古称，为傣语地名。传言是因为拉祜族最早开发这里而得名的。

长期以来，勐缅拉祜族深受封建主义和土司头人的压迫和剥削，勐缅拉祜抗清斗争就是在这样的情况下爆发的。

清雍正五年（1727年）至光绪二十九年（1903年）176年间，拉祜族为了生存，与清兵及土司练勇展开了6次不屈不挠的斗争。范围涉及临沧市临翔、双江、耿马、沧源等县（区）。第一次是雍正五年正月（1727年），主要是勐缅拉祜族、傣族起义。1726年镇沅土司改流，流官在清理交接庄田时逼得过紧，官吏敲诈勒索、虐待夷民而激起民变。领导反抗的是镇沅傣族土司刀如珍，联络威远土司及附近拉祜族、哈尼族在山箐中盟誓后，夜袭府署，杀死驻防清军和知府刘洪度。后来刀入缅（今天临翔区——以下同）坚持斗争。有天早晨，拉祜族首领黑老胖在蝙蝠洞门口洗脸时被清军开炮炸成重伤，不治身亡，义军死伤无数，起义失败。第二次、雍正十至十三年（1732 ~ 1734 年），思普拉祜族哈尼族起义。1728 年，普洱府官府垄断茶叶买卖，收购时又压级压价，引发茶农及小商贩不满。思茅的拉祜族茶农首先发难，1732 年拉祜族在忙坝河蝙蝠洞聚集起义，声势很快传遍茶山、江坝、景谷等地，勐缅拉祜族也过江支援，元江、他郎等地的拉祜族、哈尼族、傣族也加入斗争行列，围攻思茅城、元江城，烧毁把边塘房，杀田主汛兵，坚持斗争三年多。失败后许多拉祜族逃过澜沧江到勐缅坚持斗争。由于土司领地内部矛盾重重，无力化解纠纷，乾隆十二年（1747 年）勐缅土司进行"改土归流"，设缅宁厅，派流官进行管理，勐缅更名"缅宁"，意思即"勐缅地从此安宁"。并于 1747、1748、1778 年设署山街、署姚关、象鼻脸三汛，派兵驻防。第三次，是嘉庆元年（1796 年）威远（景谷）牛肩山（牛尖山）拉祜族起义。起义的原因是拉祜族缺粮，下山抢粮。遭清军镇压，扎杜领导拉祜族进行反抗。得到缅宁的拉祜族、布朗族、佤族的响应。后战事西移缅宁厅界，义军以圈内雾龙山为据点，四处打击清军，进逼厅城。清廷急调正在湖南和贵州镇压苗族起义、白莲教起义的云贵总督勒保、巡抚江兰和参将朱隆阿率三千清军前来镇压。1797 年拉祜族起义领袖扎杜被俘牺牲，起义失败。（有临沧城罗氏族谱记：乾隆中年，景属牛尖山倮黑造乱，斐公携家避难于马台南牙赵家。生五子，罗以纹因参加嘉庆四年平倮黑张辅国之乱，以功保巡检，买圈腊赵家田地，后进城买地建房永居）。第四次，是嘉庆四年（1799 年）秋，双江圈控拉祜族首领李文明，因勐猛（勐勐）土司“虐其民”（交粮时收粮官吊打拉祜族）而义愤，当晚即率众下勐猛坝，捣毁土司署，土司罕朝鼎逃避缅宁。李文明怕报复，就联络各地拉祜族、佤族、布朗族联合起义，并到勐猛请回铜金和尚任军师，用大乘佛教教义统一义军思想。李文明等用“母灭密灭是我们的地盘，要去把它夺回来”等为口号，带领五万余义军，于 11 月向勐缅进攻，占昔木、宁安、那招等地。清廷令云贵总督富纲、提督乌大经赶来镇压，12 月与拉祜义军在那招、雾龙山、南赛河等地激战，义军不支，节节败退，12 月撤过南赛河，躲进了大黑山等深山老林，清军失去了主攻方向。嘉庆五年正月，清廷撤办了“剿办不力”的云贵总督富纲及巡抚江兰，任命伯麟为总督、永保为巡抚，继续进剿拉祜义军。伯麟亲自坐镇腊东汛指挥。1800年2月，清军在南赛河黄草林、巩岗、丙别、孟白山等地与拉祜族激战，义军不支，退入大黑山、坝卡等地。3月，李文明、李小老（佤族）被捕就义。4月，铜金和尚投降，拉祜族起义告一段落。铜金和尚归降后还俗，更名张辅国。伯麟“令其居住南兴”（即今临翔区凤翔镇西南半山南信村），铜金和尚在南信八卡山头建盖府衙“和尚寺”（遗迹尚存）。嘉庆八年（1803年）巡抚永保保请授予铜金“土目”戳记，隶属于孟连土司，令其管束三勐（勐缅、南甸、孟连）拉祜族。嘉庆五年（1800年），为威慑拉祜族，清廷将“顺云营参将移驻缅宁，并分设各汛”。建参将署于上营盘（今建行大楼处）。清军采取“堵”的策略，在各处要道设汛塘，派兵把守，同时封锁澜沧江，不准拉祜族回景谷等原居住地。嘉庆七年正月（1802年），景谷福班、勐嘎、锅底塘、哦乐及思茅六困的2000多拉祜族，在杨金、罗小二带领下，不顾禁令，强渡澜沧江回家。嘉庆十一、十二年（1806和1807年），又有拉祜族不顾生死，携妻带儿，强渡澜沧江回家。都与清军发生冲突，许多拉祜族沉没澜沧江、血洒回家路。官府在铜金和尚的协助下，平息了事件。嘉庆十八年（1813 年），云贵总督伯麟筹办拉祜族事件善后事宜时，将勐勐土巡检拉祜山区（小黑江以北山区）更名为“上改心”（改心地），并改隶于缅宁厅（原隶于顺宁府）。可是，嘉庆十七年后（1812 年），总督伯麟听信土司谗言，认为铜金和尚搞“假投降”，“终不革面洗心，见土司日渐削弱，起意吞并，侵掠南甸、勐勐、耿马三土司地，至本年反攻缅宁边境”。于是想出令铜金和尚到省城，相机处置的计谋。铜金和尚知道此去凶多吉少，没有服从。伯麟以此为借口，发兵攻破南信，烧毁和尚寺。铜金逃进佤山，收罗旧部抵抗，最后寡不敌众，在忙怕被耿马土司兵擒获，押回缅宁城“凌迟枭示”。顺云营南柯汛司马万仙乔，为纪念伯麟“此功”，打造了两个大石缸，一在南柯营汛；一在宁安大营，供官兵当水缸用，至今尚存。宁安大营水缸，二十世纪八十年代建了自来水工程方停用。第五次，张秉权、张登发、张忡良起义。光绪十二年十月

（1886 年），凤庆杨三进入拉祜山区，联络张秉权父子反清，义军一度攻占打雀山、宁安、昔木、腊东。云贵总督岑毓英以“该逆世代叛逆，若不痛加剿办，不足以靖边陲”为由，奏请朝廷派兵镇压。岑委蔡标统领顺云协副将陆春、补用将蔚迟东晓、参将禹光廷、马维祺等分西南两路进攻，西路军由陆春率领，从天生桥、东弄进攻三台坡，得胜后向东支援南路军，合攻怕结、滚岗等拉祜族据点；南路军从景谷地经大蚌度攻滚岗等拉祜族据点。各路军卖力进取，陆春深入拉祜山区，派临沧人邱得凤过江招降石土司，彭锟则深入四排山区招抚上万拉祜族，从内部瓦解了拉祜义军。张秉权、张登发、张忡良在大坟山等地被擒俘杀。南路军蔚迟东晓则占领了小黑江外的拉祜山寨，军师杨三（杨定国）投诚，六山被平，起义宣告失败。陆春在善后时向总督岑毓英建议：“在上改心设镇边直隶厅”，岑转奏朝廷后于光绪十四年（1888 年）获准，厅所在圈空（大文）。这一期间，李芝隆等也领导澜沧、西盟、孟连（下改心）拉祜族进行了反清斗争。西盟三佛祖被人谋杀后，儿子站出来继续领导拉祜族进行反抗。张秉权父子造反是拉祜族反抗斗争中最惨烈一次，张秉权、张登发、张仲良人称“大倮黑、二倮黑、三倮黑”，二倮黑力气最大、最猛，手脚灵活，登峰涉险，如履平地，抬三十斤大弩，应用自如，百发百中，官军五人不能敌，最后都被捕被杀。第六次，是光绪二十九年（1903 年），镇边厅上改心拉祜族张朝文、罗扎布、李三明，联合岩帅佤族刚金、鲍岩勐等，发动拉祜族举行最后一次起义。一度占领勐猛（今天双江自治县）、进逼缅宁。云贵总督丁振铎令普洱总兵高德元进行镇压，高德元嫉功冒饷，见死不救，致使前敌副将王柏成全军覆没，被丁振铎奏请朝廷核准，将高就地正法。由顺云协将何秀桢和缅宁团绅彭锟接手镇压，在天生桥、三台坡、弯河等地激战，俘杀李三明、张朝文等，起义失败。彭锟因功得赏，自请在那赛结营镇守，管束四排山等地拉祜族。昌宁知府石鸿韶、普洱知府胡壁先后到勐猛善后，将勐猛土司罕华革职，另委罕华堂为代理土司。同时将勐库、拱弄、邦协、勐哦、困角、四排山等“六圈”地更名为“六屯”，改隶于缅宁厅。拉祜族一百多年的反清、反土司斗争，其结果：

一是沉重打击了孟连、南甸、勐缅三土司势力，动摇了三土司统治地位，三土司从此一蹶不振；二是震动了朝野，耗费了朝廷大量人力、物力、财力；三是拉祜族摆脱了土司残酷统治，获得了一定自由。但拉祜族损失更惨重，每次起义都遭血腥镇压，不仅损失了大量人口，还丧失了勐缅等宝贵土地，背井离乡，逃进耿马、沧源、澜沧、孟连，甚至逃到缅甸、泰国等境外。佤族和布朗族同拉祜族一样，遭受了巨大的人口、土地损失。拉祜族等起义的原因，主要是“争田争地”，争夺生存空间。争夺的主要目标是“勐缅”，因为勐缅最初是拉祜族、布朗族、佤族居住生活的地方，后来都被强势的傣族等占去了，拉祜族、布朗族、佤族等不服，要“夺回自己的家园”。其次是土司残暴、欺压过度；三是地方官员歪曲真相，扩大事实，向朝廷邀功，用拉祜鲜血染红顶戴。四是清朝推行民族压迫政策，偏袒土司，按“土司是地方政权，反土司就是反朝廷”的逻辑，把“争田争地”性质的民族械斗视为反朝廷，加以剿办，拉祜族等干脆就“反了”。处置不当，矛盾激化，酿成流血，实民族不幸、国家不幸，教训深刻。

拉祜族方面也存在行事不计后果等不足，但反抗精神、民族气节可嘉，自知不敌，仍勇往直前，“你有隍城我有箐，你有刀枪我有弩”，沉重地打击了封建统治阶级。

（九）“刀上达叛乱”之真相

腾越起义是辛亥革命的重要组成部分，它的爆发为推翻封建主义在云南省全省的统治发挥了巨大的作用。

从相关资料看，傣族干崖（今天德宏自治州盈江县）宣抚司宣抚使刀安仁是这次起义主要的发起者和领导人之一，被誉为中国民主革命的先驱、中华民族优秀的杰出志士。

镇康末代傣族土司刀上达，接受刀安仁的领导，积极响应腾越起义，组织和领导起义队伍，占领了永康州府（当时镇康州改为永康州）、德党、小勐统等地，清政府任命的永康州官陈文光逃遁，巡检戴定祥、蒲沂等被处死，起义取得了重大胜利，有力地打击了封建主义在镇康等地的统治。以顺宁统领李学诗为首，清朝地方官联合绞杀了刀上达领导的起义，刀上达被押解保山，蒙冤受害。

然而，刀上达的义举却被污蔑为“叛乱”，

后世志书如新方志《永德县志》《镇康县志》均有“刀上达叛乱”的记载，也有人根据当地碑刻撰写文章，大肆鼓吹“刀上达叛乱”确有其事，然而，有人提出了质疑。

最早对此问题引起注意的是临沧的老民族工作者、临沧地区民族事务委员会原副主任宋振远，他认为：刀上达不是叛乱，要认真研究，为刀上达平反。研究“刀上达叛乱”问题有意义，主要有：“1. 还历史本来面目，为历史正名；2. 为刀上达‘屈死’洗冤，也是给傣族一个清白；3. 他在旧民主革命中永（永德）、镇（镇康）有点地位（也是临沧地位）；4. 事实澄清，有利于民族平等团结；5. 民族工作的应尽之责；6. 明年是辛亥革命100周年，德宏将进行一些活动，澄清刀上达问题，对民主革命先驱刀安仁先生事迹会起一定作用。”（手写）

关于“刀上达叛乱”这一问题，曹成章著、由中国社会科学出版社2010年出版的《民主革命先驱刀安仁》一书第二十二章“是非功过评说”中就有了“刀上达问题及其性质”这一内容，里面有这样一段话：“为了彻底弄清案情（指“刀上达叛乱”的案情——引者注），作者专程至云南省图书馆彻底查阅有关案卷，发现《云南辛亥革命资料》在所收录《西事汇略》时，以为该书的卷三与辛亥革命无关，故而只字未提。然而该卷却是‘永康之乱’的专辑为作者提供了第一手史料，使刀上达案件的‘谜’进一步彻底揭穿！”（该书第365页）

曹先生“专程至云南省图书馆彻底查阅有关案卷”，在《民主革命先驱刀安仁》一书中，用了一定的篇幅（从354页到367页，共13页，1万多字）对所谓“刀上达叛乱”进行了详细、缜密的分析，得出以下结论：

“云南省军都督府状告刀安仁的唆使土司刀上达‘兴夷灭汉、叛汉自立’、‘戕杀官吏’问题，是一桩彻头彻尾、无中生有的假案、冤案。”（该书第355页）

作者从有关文件中发现本案的案情严重不实。仅以滇军第一军部都督编修处编辑的《滇复先事录》和李根源先生编修的《永昌府文征》所载刀上达案件的许多命令、函电、公告、批示而论即可证明刀安仁是蒙冤！刀上达是屈死！

问题已经很清楚了，所谓的“刀上达叛乱”是错误的，是子虚乌有的冤案、错案！

事实上，刀上达作为一个当时镇康傣族土司，难免有民族主义思想，但是，在刀安仁的影响和帮助下，他逐渐克服了这些不足，成为刀安仁的支持者、拥护者，成为临沧市少数民族中第一个执行孙中山先生三民主义的革命者、实践者。他之所以被以“谋乱”的罪名斩首示众，扣上“叛乱”的帽子，曹先生认为，那是“清政府实施改土归流政策的后遗症，归根到底是民族问题。”（该书第366页）就是说，在那个历史条件下，许多地方汉族官员大民族主义的思想是非常严重的，而这种思想并不是一下子能够消除的，影响正常的民族关系的确立，影响经济社会发展。所以，毛泽东主席在《论十大关系》中指出“我们着重反对大民族主义。地方民族主义也要反对，但是那一般地不是重点。”就是因为这个原因。

事实上，刀上达是少数民族的英雄人物，是临沧市旧民主主义革命的先驱！他的事迹应该永远镌刻在反封建主义革命斗争的丰碑史册上，让后人永远缅怀。

（十）“班洪抗英”斗争

从1840年之后，阿佤山与中国其他地区一样，进入了多事之秋，各民族反抗帝国主义侵略的斗争风起云涌、如火如荼，为维护民族独立、捍卫国家主权做出了巨大的贡献。

1886年，缅甸沦为英帝国主义的殖民地，英帝国主义侵略者开始觊觎中国西南，地处中国西南的阿佤山成为英国殖民政府侵略对象之一，尤其对阿佤山区丰富的矿产资源垂涎三尺。英国人H.R戴维斯“从1894年～1900年间，先后四次到云南进行徒步调查，其行程几千公里，考察了云南几乎所有重要地区，所到之处对云南各地的民族情况、气候物产、人文地理等做了调查记录”，写成《云南、印度与扬子江的链环》一文，完全暴露了英帝国主义对阿佤山等地的狼子野心。

英帝国主义对阿佤山的侵略图谋，可以说是一计失败、又生一计，手段多种多样，无所不用其极。

通过外交手段达到目的，是他们最早实施的伎俩，即通过外交手段施压、签订不平等条约等达到目的。光绪二十年（1894年），英帝国主义侵略者迫使清朝政府签订《中英续议滇缅界务条款》,条款第二条规定了阿佤山区的中缅边界问题。光绪二十三年（1897 年），中英又签订了《中英滇缅界务商务续议附款》，附款第三条再次规定了阿佤山区的中缅边界问题，妄图把阿佤山划归英属缅甸殖民政府。为此，佤族人民坚决反对勘界活动,不允许英帝国主义勘界人员进入阿佤山。1900 年，以沧源永和佤族部落为首、傣族等 3000 多各族人民参加的勐董“黄果事件”终于爆发。该事件以英国勘界人员的野蛮行为为导火索，但是，事实上，它就是佤族人民反抗勘界活动斗争的升级，有力地打击了英帝国主义侵略者的嚣张气焰，维护了中华民族尊严，成为阿佤山各族人民反抗帝国主义斗争的嚆矢。

与此同时，英国帝国主义还不断派遣特务、传教士以考察、探险和传教为名，深入到阿佤山区开展搜集情报的侵略活动，同样遭到阿佤山各族人民的坚决抵制。当传教士到班洪、班老一带时，当地佤族群众强令他们“速速离去”，坚决予以抵制，不准任何人入教。所以，这一带地区到 1949 年时，始终没有哪一个寨子信仰基督教。

然而，英帝国主义侵略者图谋阿佤山的野心依然不死，他们对阿佤山仍然蠢蠢欲动。

1929 年，云南省政府邀请美国工程师卓柏到班洪部落勘查银矿后公布佤族“葫芦王地”银矿含银量高而且为世界级的“优质银矿”后，英帝国主义担心云南省政府和美国有联合开采银矿的可能性，于是做了多种准备活动，并制定以武力占领葫芦王地为核心的决策。1934 年 1 月 24 日，英属缅甸殖民政府公然派出 250 名武装分子强占炉房银厂，经班老部落王严词警告仍然无效，并且不断增兵，战争已不可避免。在这种情况下，1934 年 2 月 8 日，班洪总王胡玉山下令通知 17 部落王集中班洪王府地班洪商议对策，按照佤族习惯（凡面临部落生死存亡的大事时）举行盛大的“剽牛盟誓”仪式，以表达要与侵略者拼死到底和团结对敌的决心。“班洪事件”终于爆发。

剽牛盟誓以班洪蓬大如盖的榕树为中心举行。这是一次轰轰烈烈的战争总动员，表达了阿佤山各民族坚决抵抗侵略者的信心和决心，也是佤族人民爱国主义、民族主义精神的具体体现。佤族 17 部落的头人和村民，以及勐董、勐角、孟定和耿马、澜沧上允等地傣族土司官参加剽牛盟誓。活动由班洪王胡玉山和胡玉芳（胡玉山之五弟）主持，剽牛 4 条。在会上，胡玉山拿出百余年前中国朝庭颁给的印鉴，证明“葫芦王地”自古就是接受中原政府统属的地方，强烈表示誓死不归英国管属，哪怕只剩 1 枪 1 弹 1 人，血流成河，也不做英人之奴隶。胡玉山拿出 10000 两银圆分给各王和头目,作为战斗开支费用。在剽牛盟誓上，经过协商决定每户出动一名战士；痛斥“小麻哈”的叛徒行为；分三路向英方进攻；到腾冲、普洱、顺宁和省城昆明求援，并于 2 月 8 日向英军开战。参加剽牛盟誓的各王约定：那一路若不能完成既定战斗任务，罚银 3 驮、大象 3 头。

在“班洪事件”中，英方出动军队 2000 多人，班洪佤族各部落出动约 1500 人；英军使用洋枪、洋炮、飞机等世界最先进的武器装备，班洪部落联盟武装使用弓、弩、标干、火药枪和长刀等，英方占绝对优势。

“班洪事件”震惊中外，英帝国主义的侵略激起了全国人民的愤怒和抗议。景谷县爱国商人李希哲变卖全部家产，组织 1400 多人的“西南边防民众义勇军”，竖起了抗英的大旗，于 1934 年 5 月 26 日抵达班洪前线参加抗击英帝国主义侵略者的战斗。在全国人民的支持下，义勇军和佤族武装取得辉煌战果，打得英国侵略者狼狈不堪，取得了南依河畔、垭口寨、龙头山和南滚河等激战的胜利。据不完全统计，英军伤亡数百名，我方伤亡几十名。佤族部落武装和义勇军取得了以少胜多，以弱胜强的辉煌成果，大长了人民的志气，大灭了敌人的威风。英帝国主义看到即将失败，便急忙向腐败的南京国民党政府施加压力，国民党政府违背全国人民的意愿，强迫义勇军撤退。佤族人民的抗英斗争被抑制。这样，持续数月的“班洪事件”就于 1934 年 6 月结束了。

“班洪事件”是阿佤山各族人民共同抗击侵略者的一次爱国行动，粉碎了英帝国主义的阴谋诡计，维护了民族尊严，捍卫了国家主权。之所以取得胜利，是因为全国人民的大力支持，特别是义勇军的加入。在整个“班洪事件”中，傣族土司和班洪王安排下属各部落村寨供应粮食，许多村寨主动宰猪杀牛慰问前线，澜沧县长施德荣还亲自率人到班洪慰问，充足的后勤保障是“班洪事件”取得胜利的关键。

“班洪事件”之后，1936年，中英第二次会勘中缅边界时，以班洪为首联合佤族十七部落王剽牛盟誓，向全国同胞发出了惊天地、泣鬼神的《告祖国同胞书》，严正声明：阿佤山“自昔远祖世受中国抚绥，……英帝逞其野心，步步压迫，种种手段无所不用其极。我佧佤山数十万户。虽血流成河，断不做英国之奴隶。……然我全佧佤山民众决不愿听英帝之驱使，愿断头颅，不愿为英帝之牛马”，再一次粉碎了英国帝国主义妄图占领阿佤山区的侵略野心，表达了佤族人民慷慨激昂、同仇敌忾的民族气节和赤胆忠诚的爱国情怀。

震惊中外的沧源“班洪事件”是以佤族人民为首、各族人民参与的一次反抗帝国主义侵略的爱国壮举，可歌可泣，彻底打击了英帝国主义侵略者的嚣张气焰，维护了民族独立和国家主权，在中国近现代史上中华民族反抗帝国主义侵略者的斗争中具有重要的历史意义。

（十一）阿佤山抗日

地处祖国西南的阿佤山，是我国的西南门户，在维护国家神圣领土和边疆稳定等方面具有重要的地位。

在中国近代史上，佤山与全国一样遭受帝国主义侵略者的武装侵略。佤山各族人民反抗帝国主义入侵的英勇斗争与全国其他地区一样如火如荼，爱国主义的英雄篇章一幕幕涌现。继“班洪抗英”事件之后，就是阿佤山抗日。

1941 年 12 月 7 日，日军偷袭美国珍珠港，太平洋战争爆发。日军对我国邻国缅甸展开攻势，战略目标有：其一，驱逐英美势力，独霸西南太平洋；其二，以实现其切断当时中国唯一畅通的与盟国联系的陆上运输线——从缅甸仰光到中国昆明的滇缅公路；其三，从缅甸进入云南以威胁重庆政府，迫使中国屈服；其四，独占东南亚丰富的战略资源，实现“大东亚共荣圈”的梦想，等等。

1941 年 12 月 1 日，日本在缅甸的军事行动开始。1942 年 3 月 7 日，攻陷仰光。4 月占领中缅甸，5 月 1 日，缅甸北部古都曼德勒也被日军占领，日军基本上占领了整个缅甸。以缅甸为据点，日军开始疯狂地向我国西南地区发起军事进攻，佤山首当其冲。面对日军的军事侵略，佤山佤、傣、拉祜、德昂、布朗、傈僳、汉等各族人民同仇敌忾，积极投入到抗击日本侵略者，保卫祖国西南边疆的斗争中，燃起了佤山抗日的烽火，谱写了一曲壮丽的战斗篇章。“佤山抗日”作为“滇西抗日”的组成部分终于爆发。

进入缅甸的日军是板田第十五集团军的几个师团。这个军拥有两个坦克团，战斗力很强，全军计有官兵5.75万人。占领缅甸之后，这支日军大举侵入滇西，其中一部分兵力分两路向佤山进犯，一路由滚弄到户板；一路由新地方经公鸡、班老、甘勐附近的小寨、马洛直攻孟定。在日军大举压境的情况下，佤山各族人民成立了“抗日联防协会”，在“保土抗日”和“抗日守卫阿佤山”的口号下，配合国民党的爱国官兵建立了自己的抗日武装组织，共计有：“耿沧支队”“阿佤山区游击队”“阿佤山区特区自卫支队”“班洪自卫支队”，在抗击日本帝国主义的侵略中做出了应有的贡献。

“耿沧支队”。1942年建立，国民党第十一集团军总司令宋希濂派张振武率1个连的部队到耿马组织起来，委任耿马傣族土司罕裕卿为司令，张振武任副司令。是年9月，耿沧支队第1大队在耿马成立，2、3大队相继在沧源勐董、孟定成立。张振武所带的1个连编为耿沧支队特务连，共计约500余人。他们活动于耿马、孟定、勐董、麻栗坝附近的老街等地。后来又在老街（今缅境）建立指挥所，由二十集团军派李文开任副司令亲自指挥，与日军作战3、4次。

"阿佤山区游击支队"。1943年建立，编有8个大队（实有6个大队），共约1000余人。在沧源佤族自治县永和境内建立，后司令部迁到新地方（在缅境）。活动于新地方及新地方以西地区，莱姆山、滚弄江边的梅龙渡口、永和、西晒、永恩等地，多次出击日本侵略军。张振武和傣族民族英雄张万美召集了一次佤山头人会议。到会的有勐董傣族土司罕华相、永和佤族头人杉块、绍帕佤族头人李老三，还有班洪、班况、班老、班控、班勐、塔田、敢色、戛喜、蛮国、永恩、眉龙、拢达、拢乃、永邦、尼来等部落头人。张振武在会上说："日本要来占领佤山，我发枪给你们保护中国"。张振武对张万美说："绍兴、绍帕王没有来开会"。张万美说："不怕！他们与中国是一家，他们会打日本的”。张振武对到会的头人说：“勐董代表领路，有事都告之勐董。由勐董再报告云南省”。会上还决定游击队所需粮草由部落负责供给。会后发给到会的每个部落步枪两支，子弹100发。

1944年，张振武奉命调回第十一集团军，由第二十集团军派谢应麟接替其职务，统领阿佤山区游击支队。该支队在新地方与日军激战10余天。这次战斗，日军一度占领新地方，后又被游击队赶出，追至滚弄江以西。我方共歼敌百余人，缴获机枪4挺，步枪30支，战刀20把，各种军用品200件。这是阿佤山抗日斗争中最为激烈的一仗。

“阿佤山区特区自卫支队”。1943年2月，马义昌受十一集团军之命令组织并任司令。支队下辖4个大队，约700余人，活动于南腊、蛮鸠、班控、班弄、拉撒、塔田等地。与日本侵略军作战9次，歼敌30余人。

“班洪自卫大队”。全称“滇黔绥靖公署云南省政府班洪自卫支队”。1944年10月，班洪佤族头人胡忠华亲自到昆明拜谒龙云主席，胡忠华被委任为“班洪守备司令官”、李文焕、田子昌（岩帅佤族头人）为副指挥官，给子弹3000发，步枪300支。胡返回班洪后，组织“班洪自卫队”，胡任总指挥，李文焕、田子昌分别任副指挥，高耀恒为参谋长。自卫队下辖6个大队，曾配合三十八师九十七、九十八团驻军阻击敌人和侦察敌情等。

阿佤山各族人民不仅积极参加抗日组织，投入到抗日斗争前列，而且还是抗日战争中的得力后勤队伍。滇西抗战爆发后，耿马傣族土司罕富廷（即罕裕卿）到大理滇西第十一集团军驻地会见总司令宋希濂，表示参加抗战的决心，并捐献100万元作为抗日救国金。据不完全统计，佤族部落为抗日部队赠送的物品有：班弄一次送给三十三师大米21桌（每桌有600斤，计12600斤）。塔田、公鸡、班洪、班老昼夜派人送粮草。敢色、管仲、永恩等每月给国民党游击队送半开200元，大米2桌。戛喜、眉龙、窝说，每月送半开150元，大米1桌半。贺勐、尼哇、公鸡，每月送半开100元，大米1桌。永和送大米13担零3箩。公鸡莫弄、敢包、蛮盾、戛喜、龙垮一次送大米7大桌。旁岩送牛2条、大米2桌，半开1200元。戛喜、管仲送国民党三十三师九十七团3营半开1000元。敢色送牛2条，大米1000斤，表示欢迎。阿别亚送米2担，半开600元，鸡1只给国民党游击队。

阿佤山抗日是佤山各族人民继1934年“班洪抗英斗争”以后又一次大规模反抗帝国主义侵略与掠夺的伟大壮举，各民族以血肉之躯保卫祖国西南边疆，有力地打击了侵略者，为滇西抗日的胜利做出了不可磨灭的贡献。在阿佤山抗日中，佤、傣、汉等各族人民并肩作战，密切了联系，增进了团结。在战争中还涌现了许许多多爱国的民族领袖与历史人物，如佤族胡忠华、田子昌、保卫国，傣族张万美等等，其中张万美英勇殉国。他们的事迹与爱国行为在佤山有口皆碑，传为佳话，成为佤山各族人民爱国保土的楷模。

（十二）冯绍裘与滇红

临沧是濮人的故乡，濮人是最早的茶农。

有这样的人文环境，临沧吸引了一个又一个、一批又一批的茶人，冯绍裘正是在国难当头的抗战时期，被吸引进入临沧的茶人之一。

冯绍裘，生于1900年，湖南衡阳人。1923年，毕业于河北保定农业专科学校，致力于茶叶的研制，在抗战爆发之前，先后在湖南茶叶学校任主任、校长，湖南茶叶试验场场长，江西修长茶叶改良场主任等职，成为当时著名的茶人之一。

1938年秋，作为中国中茶公司技术员的冯绍裘被派到云南，他于初冬时节来到凤庆，凤庆凤山一带的大叶种茶让他产生了浓厚的兴趣。他用凤山大叶种茶制作红、绿茶各500克，寄往香港茶市，轰动了香港茶界，被誉为红、绿茶中的上品。用初冬时节的茶叶鲜叶，竟然能够加工出这样高品质的茶产品，使冯绍裘一行激动不已、欣喜若狂。这年底，冯绍裘等人回到昆明汇报情况，引起茶叶管理部门和茶叶专家的高度重视，茶叶界并把试制成功的红茶命名为“滇红”，冯绍裘受命担任云南省茶叶公司顺宁实验茶厂的厂长，致力于“滇红”的生产。

1939年初，冯绍裘到凤庆走马上任，他建厂与生产双管齐下。为了提高生产效率，他设计发明了木质的揉茶机，改变了传统的手工揉制法。1940年，他请云南五金厂按照他绘制的图纸制造手摇分筛机。他注意引进人才、培养人才，到任之后，招聘了内地许多技工到厂工作，同时开展人才培训。他还聘请昆明中央机械厂仿制法国克鲁伯大型揉茶机 2 台、解块筛分机 1 台，仿制日本大成式手摇百叶窗烘茶机等。

冯绍裘呕心沥血，在他的带领下，云南省茶叶公司顺宁实验茶厂发展迅速，所生产的“滇红”被伦敦茶师誉为“具有祁门红茶之香气，印、锡红茶之色泽”，得到了茶界的不断认同。滇西抗战爆发，冯绍裘依依不舍离开了顺宁实验茶厂，然而，他创办“滇红”实在功不可没！

斗转星移，日月穿梭，经过一代又一代茶人的努力，“滇红”逐渐成为云南茶叶的名茶之花、知名品牌、创汇品牌，凤庆成为“滇红”之乡、“滇红”茶都。

1986 年，英国女王伊丽莎白二世来访云南，云南省人民政府选择向女王馈赠的贵重礼品、特色礼品就是“滇红”。古老的茶乡生机盎然，古老的茶农意气风发。“滇红”成为临沧人、云南人走向全国、走向世界首屈一指的老字号知名品牌之一。

（十三）“反共救国军”阴谋的破灭

1949年12月9日，卢汉起义之后，云南省解放的步伐加快，到1950年初，云南省全省基本上获得解放。

然而，境外缅北地区有国民党残余部队，境内有许多土匪盘踞山林，国民党反动派并不甘心他们的失败，他们仍然蠢蠢欲动，自不量力地企图反攻倒算。1951年5月15日，正当朝鲜战争紧张进行的时候，逃到缅甸的李弥被蒋介石封为“云南省主席兼反共救国军总司令”，纠集境外国民党军残余部队组成“反共救国军”，境内有“反共救国军顺宁纵队”“反共救国军顺宁纵队沧怒纵队”以及大雪山土匪沈小青、杨老春、字光斗等响应，共8000多人的反共武装，动用飞机、大炮等现代武器装备，在台湾国民党政府的支持下，大肆窜犯临沧市边境地区的沧源、耿马、镇康、双江等许多地方，严重影响了边疆的安宁，对人民政权造成了一定的威胁。

沧源作为边境县面临的形势尤为严峻。敌特分子四处宣扬“共产党要逃跑了”“共产党汉人不管我们佤族的生死了”“共产党跑了，李弥会把我们岩帅人杀光……”。受蛊惑的部分佤族头人和群众也跟着敌特叫喊，一时间气氛极其紧张。为了消灭敌人的有生力量、保障边疆长期稳定，诱敌深入、把敌匪残兵消灭在境内，公安部队和地方工作人员奉命暂时撤离沧源。在这样的历史关头，沧源县勐董区正副区长赵安国、张耀廷相继外逃，部分留守武装撤离勐董，在百姓眼中战无不胜的岩帅武装失败了。4月，李弥率主力进驻中缅边境永和，葛家壁率领的“反共救国军”攻克沧源县勐董、糯良后，又派出一个营的兵力向岩帅进发。在政府工作人员安全撤离的第三天，即5月14日，岩帅失守，沧源全境被李弥部队占领。在李弥武装的胁迫下，时任沧源县人民政府县长田兴武、联合大队大队长田兴文，由于对人民军队战略转移不清，在不得已的情况下选择了投靠李弥的错误路线。

针对国民党反动派的反攻倒算，中国人民解放军和阿佤山地区各级人民政府在“团结起来，共同对敌，联防自卫，防匪保家”的口号下，纷纷建立起联防武装，依靠各族群众，坚持走群众路线，与进犯的国民党残余部队和土匪进行殊死搏斗，谱写了人民解放军和联防武装共同抗击来犯敌人的英雄篇章。1951 年 6 月 3 日，云南省军区召开紧急军事会议，作出坚决粉碎国民党李弥残匪军事窜扰的重要决定。同年 7 月，中国人民解放军从几个不同的方向，对李弥残匪围剿和歼灭。在边疆各族人民及中国共产党领导下的地方武装的配合下，主力部队隐蔽地占有机动位置，诱敌深入断其退路，以歼灭其有生力量为主要目的，取得了沧源岩帅、勐董等主战场战役的伟大胜利，彻底粉碎了国民党反动派的“反共救国”“光复大陆”的梦想。

1952 年 5 月 30 日晚，土匪 50 多人企图经过沧源县勐省区逃往外国。被田老大发现，他立即暗中派人通知翁不老、南撒、糯良、班考等周围村寨民兵，形成对残匪的包围。勐省区蛮良寨雷尼垮得到敌情消息后，带病马上集合 30 多个民兵，背上枪支弹药，迅速跑到翁不老进行捉匪的布置，带着人彻夜不眠，监视着土匪的举动。第二天，田老大安排民兵尾随敌人，自己则亲自跑到县政府送信。土匪到了翁不老，雷尼垮身先士卒冲进寨子，活捉了进入寨子的所有土匪。县政府接到田老大的报告之后，立即派出公安部队出动，在各村寨民兵的配合下，一举歼灭了全部土匪。为此，沧源县召开了庆功会，田老大、雷尼垮被评为民兵英雄受到表彰。他们还被选为普洱专区英模代表，雷尼垮被表彰为甲等英模。

临沧的剿匪斗争共进行了三年。英勇的中国人民解放军驻临剿匪部队，在各族人民的积极配合下，前后共进行大小战斗 200 余次，歼匪 4900 余名，缴获六零炮 6 门、机枪 75 挺，各种步枪 3900 支，子弹 482000 发，骡马 460 头，以及其他各种物资，以辉煌的成绩结束了这场剿匪斗争，迎来了边疆的稳定。

（十四）中缅南段未定界的彻底解决

中国和缅甸历来是友好邻邦，缅甸人亲切地称呼中国人为“胞波”，意思是“一母所生的同胞”。

1886 年，缅甸全境不幸沦为英帝国主义的殖民地，阿佤山暴露在了英帝国主义殖民政府的面前，它们不断施展阴谋，甚至动用武装，企图侵占阿佤山区。从此，中缅两国开始出现边界争端问题乃至引发了流血事件和战争。

阿佤山边界问题最早以边界划定和反抗英帝

国主义侵略者的斗争为主要内容。1886 年，英国占领缅甸之后，清朝政府曾经几度与英国政府谈判滇缅边界划界事宜，因为双方地图所标界线有很大的分歧，从而对滇缅南北两段未定界产生了争议。阿佤山正好就在南端未定界之内，解决阿佤山边界问题成为历史遗留问题。

阿佤山边界问题从产生到解决经历了清朝时期（1886 年 ~ 1911 年）、中华民国时期（1911 年 ~ 1949 年）和中华人民共和国建国时期（1949 年 ~ 1960 年）三个历史阶段，最后才得以妥善解决。

清朝时期（1886 年 ~ 1911 年）。1894 年，清朝政府大臣薛福成出使英国、法国、意大利、比利时等欧洲国家，在伦敦与英国大臣劳思伯力签订了《中英续议滇缅界务商务条约》，同年，中英又签订了《中英滇缅界务商务续议附款》。“条约”和“附款”在中缅两国的边界问题上都存在许多争议和错误之处，其中“附款”第三条所拟划之界线尤为突出，这里涉及的正是阿佤山土地的划分问题，以致成为历史悬案，即所谓的“南段未定界”。

为此，1899年，中英双方对“南段未定界”进行会勘，中国代表有腾越镇台刘万胜、迤南道台陈灿，英国代表有司格德。会议先后在户板、勐董等地召开多次，研究滇缅“南段未定界”问题，其中1900年在勐董期间，司格德随从人员在勐董街子蛮横对待赶街的佤族——强拿黄果不付钱，当佤族索要黄果钱时，竟然被英国人开枪打死。英国人的野蛮行径，激怒了赶街的佤族、傣族等各族人民，双方发生冲突，两名英国人当场被打死。英国人执意报复，从户板调兵烧杀芒勐、芒波、景非等村寨。在这种情况下，就发生了以永和佤族为首、傣族等民族积极配合的反抗斗争。但是，由于清朝官员软弱无能，以不宜扩大事态为由，让英国兵撤回户板。这就是勐董“黄果事件”，它是阿佤山各族人民反抗帝国主义侵略斗争的一次英勇行为和爱国壮举，成为阿佤山各族人民反抗帝国主义斗争的嚆矢。

经过几年工作，滇缅“南段未定界”问题始终没有得到彻底解决，以至于地图上出现了历史上五花八门、色彩不一的边界线，这就是史称的“南段未定界五色线图”。黄线，为中方刘万胜、陈灿依照《中英续议滇缅界务商务条约》初定界线；蓝线，为中方刘、陈拟让线；紫线，1904 年英使照会清朝政府外务部指示线；绿线，为英员司格德拟让线；红线，为英员司格德自划线。双方争执无结果。

中华民国时期（1911 ~ 1949 年）。这一时期，由于政府无暇顾及滇缅“南段未定界”问题，英国帝国主义一方面继续派遣传教士传教，进入阿佤山区开展宗教和文化渗透，另一方面，他们制造矛盾，妄图通过收买部分佤族等民族头人，达到他们的目的。同样遭到佤族人民的坚决抵抗，但这些都没有让英国帝国主义放弃对阿佤山的侵略活动，1934 年 2 月，终于爆发了震惊中外的阿佤山“班洪抗英”事件。“班洪抗英”事件发生之后，在南京的云南人组成了“滇缅划界促进会”，向国民政府请愿。在昆明，爱国民众组成“云南民众外交后援会”，呼吁国人抗英。这样，民国政府迫于压力，不得不高度重视滇缅“南段未定界”问题，于民国 24 年（1935 年），派出张凤岐等调查专员前来云南实地调查。同年，组成中英滇缅南段未定界委员会，对滇缅“南段未定界”问题进行会商，但仍然没有彻底解决滇缅南段未定界问题。到 1941 年 6 月 18 日，民国政府为了得到英国“盟军”的支持，以外交换文的方式，同英国政府签订了边界协议，即所谓“1941 年线”。加之，滇西抗战爆发和解放战争，滇缅“南段未定界”问题仍然没有得到彻底解决。

新中国成立初期（1949 ~ 1960 年）。1954 年 6 月，中华人民共和国总理周恩来与缅甸联邦总理吴努在缅甸首都仰光发表了《中缅两国总理联合声明》，在和平共处五项原则指导下，两国总理将边界问题提到议事日程。中央人民政府从尊重历史，针对缅甸政府对“1941 年线”的不满情绪，中国人民解放军以及工作队从“1941 年线”以西撤回，并且开展界务、民族历史等问题调查，同时多次召开会议研究两国边界问题。1960 年 1 月 28 日，中缅两国总理正式签订《中华人民共和国和缅甸联邦关于两国边界问题的协定》，中缅两国界勘工作开始全面展开。经过努力，1960 年 10 月 1 日，中华人民共和国总理周恩来与缅甸联邦总理吴努，在北京签订了《中缅边界条约》，从而结束了中缅两国半个多世纪的边界争端，为中缅两国人民友好奠定了基础。

（十五）临沧地名的变迁

临沧最早被称为“古哀牢地”“永寿”“雍乡”等，这些都是佤语地名。

隋朝时期，国祚短暂，当时云南为南中大姓爨等割据。临沧是何名称，不得而知，可能仍然处在“永寿”“雍乡”等地方民族政权的统治之下。

唐宋两朝时期，云南处在地方民族政权——南诏和大理的统治之下，临沧在文献当中有“石赕”“孟佑”“大侯”“扑赕”“庆甸”等地名，都是“黑濮”即佤族等族群所居。“石赕”“扑赕”应该指今天永德、镇康、耿马、凤庆、云县、临翔等地。“大侯”主要是指云县中部一带，“庆甸”可能指凤庆县城一带。同时，南诏和大理在临沧开辟“拓南城”和“银生城”。前者位于今天永德县永康镇，辖区包括今天永德、镇康、凤庆、云县、耿马等地，后者位于今天双江自治县勐勐镇，辖区除了包括今天双江一个县以外，应该还包括临翔、沧源、耿马部分地方。

元朝时期，在临沧境内设置的机构主要有“顺宁府”“镇康路”“孟定路”等。顺宁府于元朝文宗天历元年（1328 年）设置，以蒲蛮孟氏为土知府，治所位于今临沧市凤庆县。当时，顺宁府管辖宝通州（今云县涌宝镇一带）、庆甸县（今凤庆县）和大侯长官司（中心为云县县城）。镇康路至元十三年（1276 年）设置，辖今天永德和镇康两个县。孟定路于至元三十一年（1284 年）设置，辖临沧市耿马、沧源和普洱市孟连、西盟等地。元末明初，临翔区叫“凤兰苴”。临翔区的最早地名一般认为是“勐缅”，为傣语地名，意义为“缅人之地”，出现于明朝宣德五年（1430 年），即勐缅长官司的设置。清朝乾隆十二年（1747 年），设缅宁抚彝厅，隶属顺宁府，“勐缅”被“缅宁”代替。清朝道光年间，云县还一度出现“云阳”这一名称。

综上分析，到了清朝末年，除了沧源以外，临沧市所属的 7 个县（区）基本上都有了自己明确的地名，即：缅宁（临翔区）、顺宁（凤庆县）、云州（云县）、镇康（永德和镇康县）、猛猛（双江自治县）、耿马（耿马自治县）。沧源部分地方被称为“葫芦王地”。

清末民国时期，除了缅宁、顺宁、耿马几个地名不变以外，民国2年（1913年）云州改设云县；宣统二年（1910年），镇康改为“永康”州。民国2年（1913年），州改为县，恢复镇康。在镇康县内还设置了勐捧县佐。在今天双江县内设四排山、上改心两个县佐，前者属于缅宁厅，后者属于镇边厅管辖。民国18年（1929年）猛猛土司地与四排山、上改心两个县佐合并，设立双江县，意为澜沧江和小黑江交汇之地。1934年底，沧源设治局成立，“沧源”作为地名正式出现，有“澜沧江源头”和“从澜沧第八区析置”两个含义。这样，在民国时期，临沧市除了“永德”之外，其他县名都已经存在了。

云南全省解放之后，1952年10月，缅宁区专员公署在缅宁县城宣告成立，辖缅宁、双江、沧源、耿马4个县。“缅宁”成为“临沧”这一地名的前身。1954年7月，“缅宁县”改为“临沧县”，“取临近澜沧江之意”，同时将缅宁专署更名为临沧专署；顺宁，“取古名庆甸和县城在凤山之中的首一个字”，改名为“凤庆”。“临沧”取代“缅宁”，“临沧”作为州市行政区划的地名最终确立。1955 年 10 月，撤销耿马县，成立耿马傣族佤族自治县。1956 年 11 月，凤庆和云县两个县从大理专区划出，归临沧专区所辖。1963 年 9 月，镇康分开为镇康和永德两个县。永德县城设在德党镇，“永德”取自永康和德党两个地名首一个字。1964 年 2 月，撤销沧源县，成立沧源佤族自治县。“文化大革命”期间，临沧专员公署被撤销，先后设立临沧专区革命委员会、临沧地区革命委员会。1978 年 7 月，撤销临沧地区革命委员会，恢复临沧地区行政公署。1985 年 6 月，撤销双江县，成立双江拉祜族佤族布朗族傣族自治县。至此，临沧地区除了辖临沧、凤庆、镇康、云县、永德 5 个普通县之外，辖耿马、沧源和双江 3 个自治县。2014 年，撤地设市，设置临沧市，辖区不变。临沧县更名为“临翔区”。

（十六）世界宗教传入临沧

从历史上看，传入临沧的宗教有南传上座部佛教、汉传佛教、喇嘛教、基督教、天主教、道教和伊斯兰教等多种。从目前信仰情况看，临沧仍然保存的世界宗教有佛教、基督教、道教和伊斯兰教四种。

那么，这些世界宗教是怎样传入临沧的呢？传入过程怎样？

南传上座部佛教的传入。南传上座部佛教又称巴利语系佛教，俗称小乘佛教。公元5世纪传入缅甸，15世纪以后大规模传入我省西南少数民族地区。傣族是我国最早信仰南传上座部佛教的少数民族。

南传上座部佛教“传入临沧地区是在15世纪中期。”（颜思久《南传上座部佛教概论》，颜思久著《滇南民族宗教论集》，云南民族出版社，2008年出版，第111页）傣历827年即公元1465年，孟定一带发生瘟疫，当地百姓到缅甸木邦拜佛了愿，求佛保佑消灾。随即缅甸仰光大佛殿派出大长老经瓦城（曼德勒）、木邦到孟定传教，并建立了第一所佛寺，南传上座部佛教开始在傣族地区传播。傣历835年即1473年，耿马城郊芒雨寨百姓波岩望等4人，到缅甸勐艮（今景栋市）经商，因参与赌博，将银钱输光。他们闲游到勐坑的一个佛寺，听得诵经之声抑扬幽婉，询问寺中长老，长老告诉他们信佛的好处。

波岩望等向长老求得佛像1尊，并由英达、转达两名僧人一同护送到耿马。当时耿马土司罕边法看到佛像很喜欢，听了波岩望等人的叙说，相信佛法大有好处，当即奖赏波岩望4人两甩白银，组织百姓在东门外的半满燕建寺，从此佛教在耿马传播。过了8年即1481年之后，佛教传播到耿马辖区内的勐董、勐撒、勐永、孟定等地的傣族聚居区，各地建寺修塔供佛一时成为时尚。沧源第一座用茅草盖顶的佛寺是嘎里佛寺，建于1407年，标志着佛教正式传入到当地的傣族地区。到16世纪下半叶以后，沧源、双江、临翔、永德、镇康等地傣族、布朗族、佤族、德昂族等也接受了南传上座部佛教。

南传上座部佛教有多个派别，传入临沧的主要是润派的润坝（又称摆坝）和润孙（又称摆孙、摆顺）两支（合称“摆润”）、多列和左抵等派。耿马傣族土司罕氏基本上信奉润派，由于得到土司的支持，该派在耿马一带占了绝对优势，除了广大傣族信奉以外，还有布朗族、德昂族等。孟定傣族除了信奉多列派以外，还信奉润派和左抵派。左抵派是在润派传入后不久传入的。

汉传佛教的传入。汉传佛教属于北传佛教之一，东汉初期传入我国。据考证，早在“南诏国初期汉传佛教就传入南诏”。元政府大力支持汉传佛教，汉传佛教在我省得到发展。明皇朝颁布圣旨，促进中原僧人到边疆“拓荒垦殖”“净化土著民族”。同时，汉族移民大量涌进我省，汉传佛教传播地区进一步扩大。

在这种情况下，汉传佛教从大理巍山一带传入我市，最早传入地是凤庆，县内最早的汉传佛教寺院均建于明朝，主要有营盘活佛寺（1403 ~ 1644 年）、诗礼佛龙寺（1403 ~ 1644 年）、慈云阁（1403 ~ 1644 年）、洛党琼岳大寺（1403 ~ 1644 年）、城内准提寺（1522 ~ 1566 年）、城东东山寺（1522 ~ 1566 年）。从这些最早寺院建立的时间看，汉传佛教传入我市时间是在 15 世纪初期。汉传佛教传入凤庆后，又陆续传入云县、临翔、永德等地。

道教的传入。魏晋南北朝时期，道教就传入大理州巍山，应该影响到了与之相邻的凤庆、云县一带。但是，道教正式传入我市是在明朝时期，是随着汉族移民的迁徙而传入的。明朝万历26年（1598年），顺宁府改土归流，“濮人”孟氏土司270多年割据统治结束，汉族及其他民族移民源源不断进入凤庆、云县、临翔一带，移民中道教信仰者不少，成为道教信仰的群众基础。从文献记载看，道教传入临沧市时间是清朝道光初年。根据《凤庆县志》记载，清道光初年（公元1821年为道光元年），原在四川青羊宫出家的大姚道士高太明云游到凤庆，创建雪华观。道教在凤庆发展之后，又传入云县、永德和临翔区等地，道教日趋兴盛，道观最多时达77所、道士达700多人。原籍玉溪、龙门派坤道弟子阮一诚于道光十三年（1833年）云游到临翔区，先住石匠村三清宫。咸丰年间，三清宫因火灾被毁，阮一诚又迁往子孙庙住持，子孙庙香火旺盛。道教弟子华来顺1929年率徒5人步行云游化缘到四川省成都青羊宫二仙庵受戒，致力于研读道藏，1年多后回到临翔，传授弘扬道经义理。1936年，又有道教弟子阮来庆率徒18人步行化缘到四川青羊宫二仙庵受戒，取回道藏道经数十种，3年后返回，并请乾道吕大师姚真人两师徒到临翔道教界传播早、午、晚三坛功课经的吟诵。经过清末到民国时期（1911 ~ 1949 年）的发展，道教传入临沧的范围和影响进一步扩大。

道教传入现今临沧市并建有道观和有道士活动是在道光初年，至今达 190 多年。

基督教的传入。基督教教派众多，传入临沧的主要有浸信会、内地会和五旬节会。基督教以 3 个教派从 3 个不同的路线传入临沧。

第一条路线由美国传教士从缅甸经澜沧传入，传入的是浸信会。1900 年左右，缅甸浸信会景栋总会的美国传教士永伟里等人多次进入今临沧市沧源、双江等地在内的边境地区活动。该会以澜沧糯福为中心，向双江、沧源、耿马等县发展。1903 年，永伟里率领其子永文和前往沧源西部的班洪、班老，试图在该地区传教，当即被佤族群众驱逐。1905 年，永伟里到忙糯活动，被驻澜沧上改心管带彭锟押送出境，但他仍往返于澜沧境内传教，并在双江勐勐、大吉等地发展李老大、李老二、李福、李扎瓦等拉祜族群众入教。这年，永氏父子采取各种手段，得到澜沧知事赵文龙和孟连土司刀派兴的支持，在澜沧县糯福购置 60 亩地建教堂，培养了一批拉祜族、佤族、汉族传教士和信徒。1911 年，永伟里获准在中国境内传教，但同时对其约法三章：第一，只许在澜沧县及缅宁县（今临沧）城内或附近百里之内租地建教堂传教；第二，外出游说传教时必须先行将所到地点通知地方官，得到允许并派人保护时方能前往；第三，阿佤山、拉祜山等地区不可随意前往，否则后果自负。1913 年，永氏父子带领一批拉祜族、佤族传教士离开糯福，经上允、下允、安康，绕道勐省，准备到岩帅传教，但他们刚进贺勐坝，便遭到了当地佤族群众驱赶。1916 年，永伟里得到云南省政府保护传教士的批文，获得了通行证和可在云南各地传教的证明，并拿到岩帅、贺南、贺勐一带村寨张贴，随后派佤族传教士说服各寨群众改信基督教，始有佤族群众接受，基督教在部分佤族村寨传播。1919 年，永伟里在双江帕结寨建立第一座教堂，此后，教会势力逐渐深入拉祜族和佤族地区。1921 年永伟里又带领两名助手到上改心传教，发展一批教徒。1922 年，缅甸牧师巴德到彝家寨、大吉等地传教，并建起了教堂，又有部分拉祜族、彝族和少数佤族入教。1925 年，永伟里以欺骗的手段，向已革职土司“租借”勐勐城南象山上一块土地建盖中心教堂，并设简易卫生室。此后，基督教传播日益活跃，1949 年前，双江全县共建 76 座教堂，遍及大部分拉祜族村寨。1950 年，沧源全县有教堂 77 所，传教士 88 人，涉及 100 多个村寨，信徒约 1.5 万人。

第二条路线由上海经大理传入，传入的是五旬节教会。1901 年英籍加拿大传教士马锡龄夫妇由上海内地会派到大理传教，1904 年英国传道士安选三等到大理传道，马锡龄夫妇被派到凤庆开辟传道工作，后来脱离内地会而开办五旬节教会，建立顺宁教堂，“随时往来于云缅之间，”（民国《顺宁县初稿》卷九，第 3 页）即到云县、临翔等地传教，随从者有云县唐上卿、凤庆罗金彩。在云县传教，建云城礼拜堂，由唐上卿任执事；在临翔明子山等地拉祜族村寨传教，临翔人李克三、张本忠、李昌年、陶文华、周德义、向发、余栋廷等入教并传教，建明子山教堂。1923 年，

明子山教堂

明子山教堂传教士李克三到云县大寨一带传教，建立大寨忙哀教堂。

第三条从德宏和保山传入，传入的是内地会。1921年，德宏州潞西县勐城坡傈僳族胡大（胡保罗，基督教传道员）受英国牧师麦古西主持的缅甸木邦八莫基督教内地会派遣，进入镇康树王山、耿马贺永山、永德县大雪山等地传教。1924年，英国教会又派英籍加拿大牧师杨志英，由保山至贺永山建立内地会教堂。1926年由英籍牧师张思慧接替，从缅甸运来物资，在贺柯建礼拜堂，配备了汽油发电机和脚踏手风琴，成为内地会在贺永山的总堂，并将贺永山更名为“福音山”，到过福音山的英国牧师共有8人。福音山总堂先后在耿马富荣乡（已撤并孟定镇）班角山、芒艾、老亢寨、包包寨、南拐、芒岗、富荣，贺派乡坝薄寨，耿马镇石房箐，沧源班界、福公、炳叶，镇康树王山、彭木山、蚌孔，永德胡广箐、亚练、芒弄山，以及后来属于缅甸的岔沟、明子山、平河等21个村寨建有教堂。

伊斯兰教的传入。伊斯兰教于元明时期传入云南省，是随着回族移民而传入的，临沧市伊斯兰教的传入自然也不例外。

从文献和口碑资料看，回族移民主要从大理州进入临沧市的，他们最早迁移到云县和凤庆两个县。《临沧地区民族志》载："回族进入临沧地区始于元代。明代，有较为迅速的增加和发展。"《元史》记载，"至元二十二年（1285 年）回回将领雪雪的斤带领回回军分布云南三迤屯田"，处于迤西的临沧市就有部分回族进入。明朝时期，随着大规模的屯垦移民，又有回族士兵因军屯进入凤庆、云县和临翔等地。云县漫湾镇新村回营回族在明清之际迁移临沧市，立于嘉庆二十三年（1818 年）的该村马氏墓碑关于"……明清时这里耕耘……"的碑文就足以说明，这些回族移民是从巍山一带渡过澜沧江进入云县的。清末杜文秀起义之后，又有部分回族从云县、凤庆迁移到镇康、耿马、永德等县，回族在临沧市的分布进一步扩大。

回族移民进入临沧市，伊斯兰教随着传入。到清朝末年，经过几百年的发展，回族聚居的主要村寨和城镇清真寺共有 18 所，主要分布在云县、凤庆、永德、临翔和耿马傣族佤族自治县 5 个县（区）内。

宗教不仅是意识形态的东西，事实上也是一种文化。对于临沧这种经济欠发达和文化教育落后的多民族聚居的边疆地区来说，世界宗教的传入无疑具有多方面的积极推动作用，但同时要充分认识它也具有阻碍经济社会发展的消极作用。

（十七）“世界佤乡”揭秘

世界佤乡好地方，避寒避暑到临沧。那么，临沧“世界佤乡”这一定位是怎样由来的呢?

临沧是佤族形成和产生的重要地区。佤族与其他民族一样，也有其形成、产生和发展的历史过程。作为一个独立的民族共同体，佤族无疑是在云南这块土地上形成和产生的。唐朝樊绰《蛮书》卷四记载：“望苴子蛮，在澜沧江以西”。除此之外，《蛮书》卷六、《新唐书·南蛮传》等文献资料中，对佤族族称同样有“望苴子”“望外喻”“望蛮”等记载，“望”显然是近现代佤族自称“佤”的同音异写，正如《佤族简史（修订本）》指出：“大体说来，望、望外喻、望苴子当是同一族体，亦即后来的佤族。……到了唐代已由濮人族群中逐渐分化出一部分望人……”。而“澜沧江以西”地区，指的就是临沧市。以上事实说明，佤族作为一个独立的民族群体，他们形成和产生的重要地区是在临沧市，是临沧这块热土孕育和催生了佤族。

临沧是佤族重要的聚集地区。佤族跨境而居，缅甸、泰国、柬埔寨、老挝等东南亚国家，也有佤族。佤族是云南省独有少数民族，根据2010年第六次全国人口普查，全省佤族人口共有400814人，占我国佤族总人口的97%，其中临沧市226047万人，占云南省佤族总人口的56.4%，普洱市143973人，占云南省佤族总人口的35.9%。从临沧各族人口看，佤族人口仅次于汉族、彝族，位居第三位，是市内人口较多的少数民族之一。从历史上看，临沧全市8县（区）均有佤族人口分布；从目前看，除了云县、临翔区以外，佤族主要分布在沧源佤族自治县、耿马傣族佤族自治县、双江拉祜族佤族布朗族傣族自治县和镇康县、永德县、凤庆县等，其中沧源佤族自治县是我国佤族人口最多的县，该县佤族人口134767人，约占云南省佤族总人口的33.6%。我国佤族自治县和佤族与其他民族共同组成的民族自治县有5个，其中临沧市就占了3个，即：耿马傣族佤族自治县、沧源佤族自治县和双江拉祜族佤族布朗族傣族自治县。临沧市无疑是佤族的重要聚集地区，人口多、分布广。

临沧佤族具有悠久的历史文化。考古学界认为，临沧市内澜沧江流域忙怀新石器文化等，是“濮人”创造的，他们就是佤族等我国南亚语系孟高棉民族的先民。秦汉时期，临沧属于“古哀牢地”，“哀牢”是佤族先民。东汉至魏晋南北朝时期“永寿”“雍乡”等临沧最早的古地名出现，都是佤语地名。唐朝樊绰《蛮书》卷四“望苴子蛮在澜沧江以西”，卷六又载“自澜沧江以西越赕朴子，其中并是望苴子”。“望苴子”“朴子”就是佤族先民，“澜沧江以西”指临沧全境及其周围的广大地区。《明史》卷314《云南土司传》和清朝康熙、雍正、乾隆等《顺宁府志》均记载：“顺宁本蒲蛮之地”。“顺宁”为凤庆县古名，元明时期顺宁府辖域为今天临沧全境及保山市昌宁县、普洱市孟连、西盟等地。傣族民间流传“尚过法，腊过勐”这一俗语，意为“天神开辟苍天，腊人开辟大地”，“腊人”指佤族；永德、镇康一带佤族被称为“本人”，意为“本地人”或者“最早的民族”。

临沧佤族创造了佤族的远古文明。临沧境内澜沧江中上游流域云县忙怀、忙亚，临翔马台，双江忙糯，耿马石佛洞、南碧桥等新石器文化遗址，石器主要以砾石加工而成，以有肩石斧为主，磨制石器和陶器很少，具有明显的地方特点和民族特点，距今5000多年，它们都是佤族先民创造的。云南沧源崖画，图像风格自然、生动、朴实，距今3000多年，是佤族先民创造的杰作。耿马孟定镇遮哈、景信和临翔区博尚等地，均有佤族古城遗址的发现。

临沧佤族是佤族先进生产力的代表。佤族存在原始社会末期阶级社会初期农村公社制、封建领主制和封建地主制3种不同的社会形态。从临沧佤族情况看，他们处于封建领主制和封建地主制社会历史发展阶段，是佤族中生产力水平相对较高的佤族群体。

临沧佤族文化形态最为齐全。由于自然环境和社会条件的影响，佤族形成“阿佤”“佤（本人）”和“巴饶”三大文化形态。在临沧，佤族三大文化形态均有分布，而在东南亚缅甸等国家和我国普洱市只有阿佤和巴饶两大支系，也就是说临沧是佤族文化最为富集、最为绚丽的地区。另外，“佤

（本人）”几乎是全民信仰南传上座部佛教；临沧佤族“巴饶”支系，除了保留本民族传统的原始宗教文化以外，还吸收了基督教、南传上座部佛教、汉传佛教等。耿马傣族佤族自治县境内有“黄衣阿佤”这样一个独特群体，其文化在佤族文化当中独树一帜、绚丽夺目。

临沧佤族人民爱国主义血性精神尤为突出。在临沧各族人民反抗帝国主义侵略斗争中，佤族人民始终表现出爱国主义血性精神，在维护国家独立的伟大斗争中常常处于率先者、组织者和领导者的重要地位。十九世纪末，英帝国主义殖民者占领缅甸之后，觊觎我国西南地区，尤其对阿佤山区丰富的矿产资源垂涎三尺，不断派遣特务以考察、探险为名到沧源班洪、班老等阿佤山区搜集情报开展侵略活动，遭到当地佤族人民的坚决抵制。1900 年，以沧源永和佤族部落为首、傣族等各民族人民参加的勐董“黄果事件”，有力地打击了英帝国主义侵略者的嚣张气焰，维护了中华民族尊严。1934 年初，阿佤山爆发了震惊中外的沧源“班洪抗英事件”，这是以佤族人民为首、各族人民参与的一次反抗帝国主义侵略的爱国壮举。1936 年，中英第二次会勘中缅边界时，以班洪为首联合佤族十七部落王剽牛盟誓，向全国同胞发出了惊天地、泣鬼神的《告祖国同胞书》，严正声明：阿佤山“自昔远祖，世受中国抚绥”，“我佧佤山民虽万一见弃于中华，必不甘心亡于英帝国，犹不失为中华之藩篱”，表达了佤族人民慷慨激昂、同仇敌忾的民族气节和赤胆忠诚的爱国情怀。在抗日战争中，佤族人民联合当地其他民族组建了“耿沧抗日自卫支队”“佧佤山抗日游击队”等，参加打击日寇的战斗，使日军不敢轻举妄动。这些英勇斗争为捍卫领土完整、维护边疆稳定和民族尊严做出了巨大的贡献。

临沧佤族创造了阿佤山区的县级革命老区。根据1999年8月中共云南省委、省人民政府《关于批转党史研究室、省民政厅〈关于确定云南省革命老区的请示〉的通知》精神，临沧市“革命老区”有：“沧源佤族自治县革命老区”“双江拉祜族佤族布朗族傣族自治县大文乡革命老区”“临沧县（临翔区）平村彝族傣族乡革命老区”和“云县茶房乡革命老区”4个。其中佤山沧源是临沧唯一的一个县级革命老区，其余3个均为乡镇级别的革命老区，这充分体现了佤山沧源在社会主义革命和建设中的重要地位。沧源岩帅被誉为“佤族的首都，佤山的延安”。佤山沧源作为临沧唯一的一个县级革命老区，同样展示了临沧“世界佤乡”的精彩风貌和无穷魅力。

四、民族文化

（一）民族概况

临沧民族众多，市内有彝族、佤族、傣族、拉祜族、布朗族、白族、傈僳族、回族、苗族、德昂族、景颇族11种世居少数民族，除彝族、白族外，皆为跨境民族。布朗族、德昂族、景颇族为人口较少民族；佤族、拉祜族、布朗族、傈僳族、德昂族、景颇族为“直过民族”。2015年，全市有少数民族人口96.66万人，占总人口的41.1%，位居全省第五位。

从人口来看，人口在10万以上的有彝族、佤族、傣族3个民族；人口在10万以下1万以上的有拉祜族、布朗族、白族、傈僳族、回族5个；人口在1万以下的有苗族、德昂族、景颇族3个。

从语言族属来看，属于汉藏语系藏缅语族的有彝语支的彝族、拉祜族、傈僳族，景颇语支的景颇族以及白语支的白族；属于壮侗语族壮傣语支的有傣族；属于苗瑶语族苗语支的有苗族；属于南亚语系孟高棉语族佤德语支的有佤族、德昂族，属于布朗语支的布朗族；还有使用汉语的回族。

从宗教信仰看，傣族、德昂族全部，佤族的一部分、布朗族的大部分信仰南传佛教；部分佤族、拉祜族、彝族、傈僳族、苗族信仰基督教；白族信仰汉传佛教和道教；回族信仰伊斯兰教；少数民族中，除回族外，普遍信仰原始宗教。

从居住格局来看，佤、拉祜、布朗、傈僳、德昂、景颇等民族主要分布在几个边疆县的山区；傣族分布在坝区及河谷地带；彝、苗以及部分拉祜、布朗、傈僳等民族分布在云县、凤庆、永德等县的高寒山区；白、回和部分彝族分布在坝区、交通要道沿线。各少数民族与汉族、各少数民族内部之间呈大杂居小聚居的分布格局。市内有 3 个民族自治县，13 个民族乡，双江拉祜族佤族布朗族傣族自治县是全国唯一由四个自治民族组成的多民族自治县，沧源佤族自治县是全国两个佤族自治县之一。

从社会形态看，彝族、傣族、白族、回族、

苗族在中华人民共和国成立前均已进入封建地主经济，佤族、拉祜族、布朗族、傈僳族、德昂族、景颇族大部分还处在原始社会末期或被封建领主所统治。各民族之间、同一民族不同支系之间发展极不平衡，如内地各县的佤族（主要是“本人”支系）、居住在云县的傈僳族其社会经济形态已进入到封建地主经济阶段。整体而言，社会发展缓慢，生产力水平不高，在一些民族内部，狩猎在经济生活中还占有重要地位。

临沧多民族的基本市情，是悠久历史发展的产物。在长期的历史发展过程中，临沧各民族之间形成了“你中有我，我中有你”“汉族离不开少数民族，少数民族离不开汉族，各少数民族之间也相互离不开”的民族关系，为建设平等、团结、互助、和谐的社会主义新型民族关系奠定了坚实的基础。

（二）世居民族

1. 彝族（386219 人）

临沧境内的彝族自称有“倮”“倮泼”“尼苏泼”“迷撒泼”“腊鲁泼”“俐侎”“香堂”“土族”等，他称有“倮罗”“蒙化人”等。其人口仅次于汉族，是临沧的第二大民族。全市8个县（区）均有彝族分布，主要聚居在云县和凤庆县，其次是永德、镇康、临翔、耿马自治县，还有双江、沧源两个自治县也有零星分布。

彝族

彝族源于氐羌民族，隋朝以前称“叟”“昆明”“爨”，唐宋时期称乌蛮。南诏即为乌蛮建立的地方民族政权。南诏势力最强盛之时，其所控制的地域范围，根据《新唐书·南蛮传》载：“东距爨，东南属安趾，西摩伽陀，西北与吐蕃接，南女王，西南骠，北抵益州，东北际黔巫”，说明其管辖的范围不仅包括今云南省全境，而且有所超出。公元762年，阁罗凤亲率大军“西开寻传”，向其西部地区开拓疆土，临沧包括在内。在这一历史时期，当有彝族部分先民迁移到了临沧境内，彝族之所以成为临沧的第二大民族与这一历史渊源相关。

最早进入临沧的是倮罗支系，时间不迟于南诏大理国时期，元文宗天历元年（1328）设顺宁府，以罗罗（即倮人）首领为同知。明末清初，“腊鲁泼”由楚雄来到云县、凤庆，一直繁衍至今。“迷撒泼”支系（蒙化人）于清代迁入。传说，清康熙年间，“迷撒泼”为逃避官府重税而向思茅、临沧方向迁移，先在云县、凤庆、临翔停留，部分陆续迁入沿边各县。“俐侎”支系现聚居于永德乌木龙彝族乡、凤庆郭大寨彝族白族乡、云县幸福镇，属三县交界地带。“俐侎人”称，他们的祖先是四川凉山人，为逃避奴隶主的压迫迁至景东，再由景东辗转渡过澜沧江到达现在的聚居地。

2. 佤族（241136 人）

临沧佤族自称“巴饶”“阿佤”“斯佤”“腊家”“本人”等等，沧源、耿马、双江三个自治县的佤族为“巴饶”，意为“山林中的人”或者“陆地上的人”等。此部分佤族占市内佤族的 2/3。沧源班洪、班老、南腊等地少数佤族自称“腊家”，靠近西盟及中缅边境线的少数佤族自称“阿佤”。永德、镇康、凤庆佤族自称“斯佤”“佤”，他称“本人”。佤族多生活于山区、半山区及河谷地带，与拉祜、布朗等民族杂居。全市7县1区皆有分布，主要集中在沧源、耿马、双江3个自治县和永德、镇康两县。

佤族

佤族源于我国的百濮族群，先秦时期称“僬侥”，两汉及魏晋时期称“哀牢”“闽濮”，唐宋时期为“望蛮”“望苴子蛮”“望外喻”。元、明、清时期称“蒲蛮”“嘎剌”“古剌”“哈剌”“哈瓦”“佧佤”等。新中国成立后，国家按照名从主人的原则，根据本民族意愿，1962年确定以“佤族”为统一的族称。

佤族是临沧的世居民族之一。境内广泛分布于澜沧江流域的忙怀新石器文化，考古学界一般认为即为佤族先民所创。以“佤”“阿佤”自称的佤族，在市内居住时间最长，由他称“本人”（本地人之意），足可见其历史之悠久。“巴饶”支系是600

年至700年前从缅甸的永丁等地迁来的。双江部分佤族自思茅景东而来，耿马佤族有从勐卯（瑞丽）迁入者。明清以后，佤族的分布格局基本形成，此后的迁徙流动主要是在阿佤山区范围内进行。

3. 傣族（122740人）

临沧傣族自称“傣”，因迁徙路线和居住地域的不同，以及生活习惯的局部差异，分为“傣那”和“傣德”。“傣那”意为居住在上方或更接近内地的傣族，俗称“旱傣”，这部分傣族主要来自德宏州。“傣德”意为居住在下边，接近缅甸掸邦的傣族，俗称“水傣”。傣德的分布区域以耿马孟定坝为主，多集中于南汀河两岸。耿马傣族群众将缅甸、老挝、泰国的傣族称为“傣勐德”，所以将来源于泰缅边境的傣族称为“傣德”。还有一部分居住在山区的傣族被当地人称为“山傣”，这部分傣族有的是被同化了的佤族和布朗

傣　族

族，他们的宗教信仰、方言土语以及生活习俗与“傣那”支系相差无几。市内傣族主要生活于耿马自治县、临翔区、云县、双江自治县、沧源自治县，其他县有零星分布。

傣族源自古代的“百越”，唐代的“黑齿蛮”“金齿蛮”“银齿蛮”“绣脚蛮”“绣面蛮”“茫蛮”可能就是傣族先民。“白衣”的族称始见于唐，通用于宋。元代则将傣族通称为“白夷”或“金齿白夷”。明代在万历以前把傣族统一称为“百夷”（或写作“伯夷”），万历以后，“百夷”被写作“僰夷”。从清初到近代，又把“僰夷”写作“摆夷”或“摆衣”。“傣族”一名是中华人民共和国成立后根据本民族意愿确定的族称，也是本民族的自称。

傣族是继佤德语支各族及拉祜族之后进入临沧的民族。傣族迁移临沧肇始于唐宋之际，但大规模迁移是在元末明初。12 世纪，德宏境内的傣族地方政权麓川兴起，它竭力对外侵略扩张。元顺帝至元元年（1335 年），思翰发攻占今临沧全境，云南西部傣族大量入临。明王朝“三征麓川”，又有很多傣族为避战祸迁入临沧各县。明朝宣德五年（1430年），设勐缅长官司，由于勐缅长官司隶属景东府，首任土官为景东人姜嵩，所以，此时，也有部分傣族从景东迁移临翔。19世纪初，暹罗入侵西双版纳，当地傣族为逃避战乱迁至孟定。景谷县一带的傣族，也有一部分迁移到耿马、临翔等地。清代中期至中华民国年间，傣族有局部迁移，但都在市境内流动。

4. 拉祜族（94423人）

拉祜族自称“拉祜”，意为勇敢的猎虎民族。拉祜族主要集中在双江自治县、耿马自治县、临翔区和云县，其他县有少量分布。因居住地域不同，各地拉祜族之间又有一些表明祖居地的称呼。“南美拉祜”特指祖居临翔区南美的拉祜族；“改心拉祜”

拉祜族

指的是祖居上改心的拉祜族。还有的是以服饰特征和文化特征称呼其中某一部分，如“白拉祜”“汉拉祜”等。

拉祜族起源于甘肃、青海一带的古羌人，早期过着游牧生活。后来古羌人逐渐南迁，迁入云南后，内部发生裂变，出现了许多蘖枝，其中的一部分进入临沧后，于唐宋时期形成了“锅锉蛮”，他们被认为是拉祜族的先民。传说，“勐缅密缅”是拉祜族追马鹿找到的地方，因为这里水草丰美土地肥沃，他们停下了长期迁徙的脚步，开始定居生息。“勐缅密缅”的范围大致在今临翔、双江一带。明朝初年，云南西部傣族向东发展，勐缅密缅的拉祜族逐渐转移到山区。傣族进入后，将临翔坝取名为“勐缅”，意为“拉祜坝子”。随着拉祜族生产力的发展，拉祜族与封建土司的矛盾也日益激烈，最终发展成了大规模的武装反抗斗争。多次反抗被镇压后，又导致了拉祜族的局部迁徙，新中国成立后，拉祜族才得以安居。拉祜族也是最早开发临沧的主要民族之一。

5. 布朗族（43811 人）

临沧布朗族的自称各地有所不同，双江自治

布朗族

县布朗族自称“阿尔袜”“阿袜”，永德布朗族自称“阿乌”“乌”，云县、凤庆等地布朗族自称他称均为“蒲满”“蒲曼”，耿马自治县的布朗族曾被称作“阿家”。云县幸福乡的布朗族，因历史上曾被封建领主编为“棚户”，又被称为“棚子”，还有“黑濮”等他称。中华人民共和国成立后，统称布朗族。布朗族主要聚居在双江自治县、云县、永德县、耿马自治县。

布朗族的先民在先秦时期为百濮的一支，汉晋时称“濮”，分布在今云南省境内澜沧江两岸及其以西的广大地区。到唐代，“濮人”发展成为不同称呼的族群，其中的“朴子蛮”即为布朗族，分布在今保山、景东一带。元、明、清时期汉文史籍又将他们称作“蒲人”“蒲蛮”等。“蒲人即蒲蛮，今顺宁……永昌、景东七府有此种。”

顺宁土知府土官孟氏就是“蒲人”。“蒲人”是临沧地区最古老的土著居民，今凤庆、云县原是蒲人的主要聚居地，明代对顺宁土知府改土归流，以及由此引发的多次战争，致使这两个县的“蒲人”或南迁或融合在其他民族中，“蒲人”迅速减少。临翔区、双江自治县在古代已有“蒲人”居住，一些地方还保留着布朗族的古寨和古地名。永德县布朗族原居今保山施甸、昌宁一带，后来逐渐迁徙到永德、镇康定居。耿马布朗族，一部分原来在今凤庆境内，另一部分则称祖先来自今缅甸境内大忙海的羊顶。

6. 白族（31751 人）

白　族

临沧的白族自称“白”“白子”“白尼”，亦称“民家”。主要分布在云县、凤庆、永德、临翔、耿马等县区。

白族历来居于滇西各民族文化的主导地位。其源于氐羌，文献记载中有“昆明”“叟”“滇濮”“白蛮”“河蛮”“民家”等称谓。滇濮又载“滇僰”。

白族于南诏大理国时期开始迁入临沧。今云县茶房、大寨等地的一些段姓白族，据传是大理国王族段氏的后人。更多的白族是在清朝咸丰、同治年间因战乱进入云县、凤庆。《顺宁府志》载：“白人，多为大理、剑川来者，或习梓匠，为杂工，凡作室制器，取利则来”。继康熙、雍正朝之后，不断有白族迁入临沧，从事建筑、工艺制作等。中华人民共和国成立后，云县、凤庆先属大理专区，专区曾派遣多批干部到两县工作，其中有许多白族青年。20 世纪 50 年代，因边疆各县缺乏手工业工人，又从大理调来一批缝纫、制鞋、皮革工人和理发师，他们大多在各县县城从业或是深入到山区集镇，他们当中的绝大多数后来便定居于当地。

7. 傈僳族（10597 人）

傈僳自称他称均是“傈僳”，有时被叫作“列所”。按妇女所着服饰的不同，镇康、耿马的傈僳族，身着花衣服的自称“傈僳甲列”，即“花傈僳”；身着黑衣服的自称“傈僳纳”，即黑傈僳。

傈僳族主要聚居在镇康、耿马自治县、永德、云县、凤庆等地。

傈僳族

傈僳族属氐羌民族。文献中有“卢”“栗粟”“栗”“力些”等记载，原是乌蛮的一部分，在川、滇交界的金沙江流域逐渐从乌蛮分化出来，形成单一民族群体。

明朝末年，大批傈僳族西迁，分布在今怒江州境内。18 世纪和 19 世纪，怒江地区的傈僳族先后发动了 3 次大规模的反封建统治和民族压迫的武装斗争，斗争失败后，不甘忍受奴役的傈僳人向外迁徙。一些人越过高黎贡山进入缅甸；一些人沿澜沧江和怒江经耿马，进入沧源和孟连，远抵老挝、泰国，其中有部分人留在镇康、耿马、永德各县。耿马自治县的傈僳族于清光绪二十年（1894 年）后由永北（今丽江永胜县一带）迁入，至今还被称为“永北扒”，即“永北人”之意。民国年间，为躲避战乱，部分傈僳族迁居永德县大雪山。永德县的傈僳族还有一部分是从保山龙陵县迁来。云县傈僳族由楚雄迁来。凤庆傈僳族是从大理的云龙、永平、巍山等地迁来。

8. 回族（10049 人）

临沧回族主要分布在云县、凤庆、临翔、耿马、镇康等县。

回族，历史上有大食人、色目人、回回等称谓。回族主要是由波斯人、阿拉伯人等外来民族与中国的汉、蒙古、维吾尔等民族相互影响相互融合而形成。

回族是一个善于经商的民族，早在元朝时期，滇西就已有大量的回族，而临沧处在西南丝绸之路南侧，他们或可能部分进入临沧。到明代，临沧已有回族，所以旧《云县志》（上编）称：“云县于明代即有回民”（该书 179 页）。到清朝，云县、凤庆、临沧三县当已有大量的回族居住。云县漫湾镇

回 族

新村是回族较早居住的地区之一，当地有一山称“石栏杆山”，即因为山上有许多石栏杆围成的回坟而得名，有碑文上刻回族于“明清时这里耕耘……”等语。当地回民称，云县县城的回族即由此迁移过去。清末杜文秀起义，云县回族起了很大作用，出现了蔡发春等杰出民族起义将领，蔡发春被杜文秀封为“扬威大都督”。起义失败后，大量的回族被迫到中缅边境一线避难，其中阿佤山的班弄为主要集中地，从此之后，全区8县区均有回族零星分布。

9. 苗族（9543人）

根据服饰的不同特点，临沧苗族有“蒙撒”“蒙爪”（青苗）、“蒙豆”“蒙处”（白苗）、“蒙栽”（花苗）等称谓，既是自称，也是他称。凤庆县部分苗族穿白麻布衣，被称作“白家”。苗族主要聚居于凤庆、镇康、云县、永德等县，其他县有零星分布。

苗族

苗族，是我国南方

最为古老的民族之一，早在4000多年前其先民就生活在从黄河流域到长江流域以及长江中游以南的广大地区。到明朝时期，苗族由黔、桂、川等地迁入云南境内，清朝道光年间滇西大姚、滇南普洱府（今思茅地区）已有苗族分布。临沧苗族多来自贵州，民国《顺宁县志》称："苗人多自贵州迁徙而来，聚居江左山箐中，为数甚少"。据调查，他们是先从贵州和广西迁入今文山，又从文山迁入楚雄，再从楚雄到凤庆，到凤庆已5代。诗礼乡苗族，则传言由巍山迁移而来。另外，清朝同治年（公元1682 ~ 1875年）开化府（今文山州）苗族大规模外迁，部分流散到缅北果敢一带，这部分人因当地流行"黄症病"迁到了镇康。清末，另有部分苗族由保山昌宁一带迁到永德等地。云县苗族，据说也来自贵州。

德昂族

10. 德昂族（4760人）

临沧德昂族多称"尼昂"或"纳昂"。"昂"有"山崖""崖洞"之意，其称谓可译为"山洞里出来的人”，与佤族“司岗里”的人类起源传说意义相近。德昂族主要分布在镇康、耿马和永德3县。

德昂族，史学界多认为他们和佤族、布朗族同属汉晋时期永昌濮人的后裔，属南亚语系民族。从《百夷传》记载的民族名称看，德昂族在明代也被称作蒲人或哈刺。“德昂”作为单一民族出现于史籍的时间较晚，直到清代，《乾隆东华录》、王昶《征缅纪闻》及光绪《永昌府志》诸书才对该族有了单独记载，称之为“崩龙”。中华人民共和国成立后，根据本民族意愿，1985年9月经国务院批准，正式更名为“德昂”。

德昂族主要由勐卯（今瑞丽）和缅甸境内迁入，多数分布在今永德县境河谷地区。后来，因天灾、疾病、战乱等原因，在今永德、镇康、耿马各县甚至中缅边境地区多次辗转迁徙，直到20世纪60年代才形成现在的分布格局。

11. 景颇族（1157人）

景颇族自称景颇，有“景颇（大山）”“载瓦（小山）”“喇期（茶山）”“浪莪（浪速）”等支系。解放前，汉族称其为“山头”，傣族和佤族称其为“亢”，主要集中在耿马自治县。

景颇族，属氐羌民族。景颇族在明清文献中称“野人”“遮些”等。道光《云南通志稿》引《伯麟图说》“遮些……永昌府属有之”。

景颇族

据景颇族、傣族口碑资料称，清朝咸丰年间（公元1851～1862年），耿马土司内讧，第二十一代土司罕荣升流亡今德宏州内。他回耿马时带回了景颇族。今沧源、耿马自治县内仍留有芒亢、景亢、老亢、永亢等与景颇族有关的地名，说明当时随迁的景颇族数量很多。1949年，土司内部又一次械斗，部分景颇族迁居到耿马原富荣乡的芒艾、邱山等地。

12. 汉族（1386550人）

汉族在7县1区皆有分布，且占据了很大的比重，除沧源佤族自治县汉族只占总人口的6.1%以外，其他县汉族所占比例从44%到78%不等。

汉族进入临沧市的时间，可追溯至魏晋南北

朝时期，其中东汉设置永昌郡是重要的原因。唐宋时期，由于临沧地处南诏、大理西侧，难以与中原王朝发生联系，在这种情况下，汉族迁移临沧的路线被阻隔。到元朝，随着元政府机构的设置，部分汉族移民逐渐进入临沧。到明朝时期，由于政府推行“移民就宽乡”政策，导致大量的汉族移民开始迁移临沧。继元朝之后，明朝政府在今临沧，先后设置了顺宁府、孟定御夷府、勐缅长官司、镇康御夷州、缅宁县、缅宁厅、耿马宣抚司等等，各民族纷纷迁入，有些便落籍成为土著。

康熙《顺宁府志》序记载，“迨明万历中，因廷瑞之变，始改土归流”。随着顺宁、云州改土归流的进行，汉族官员及其随从、兵丁一批批进入，汉族居民迅速增加。公元 1659 年，李定国随南明永历帝朱由榔离开昆明转移滇西进入缅甸，他率所部 3 万多人进入临沧，而这些官兵“皆挈眷以行，老幼累累，为累不堪”（《求野录》），这显然是一支庞大的移民大军。事败后，其部众在今孟连、沧源、耿马停留过一段时间，不少流散人员在当地居留。乾隆十二年（1747 年），勐缅改土归流，缅宁境内汉族随之快速增加。

从明代中后期到清朝中期，沧源、顺宁、镇康等地开办了多处矿山，吸引了大批内地来的汉族。较著名的有沧源茂隆银厂、耿马悉尼厂、顺宁宁台厂和涌金厂，都有矿工数万人。石屏县人吴尚贤“穷走夷方，急走厂”，继李定国之后开茂隆银厂，由于经营有方，茂隆银厂发展很快，吸引了大量的内地矿工，“打槽开矿及走厂贸易者，不下二、三万人”（《张允随奏稿》）。其中不少汉族就此落寓当地。

雍正年间，双江、澜沧等地拉祜族反对封建统治和民族压迫的斗争失败后，拉祜族人口大量外迁，许多汉族农民从今临翔、云县、澜沧、景谷、景东等地进入双江。清朝咸丰、同治年间，滇西地区回民起义，又有大量的汉族为躲避战乱入临。

明清之前，临沧的民族结构是“夷多汉少”，明清之后，逐步演变成了“汉多夷少”的局面。民国时期，顺宁、镇康、双江等县汉族人口已占50%以上。中华人民共和国成立后，大批汉族干部、解放军官兵、各行各业的专技人员及支边青年，从全国各地大量进入临沧地区。多个国有农场建立后，又引进了大批汉族职工。

除了以上各族之外，临沧境内还有满族、壮族、蒙古族等民族零星分布，他们主要是清朝时期历任临沧官宦的后裔。由于他们没有形成独立的村落，所以，没有把他们列为临沧世居民族。

（三）民族文化

1. 彝族

彝族是一个内敛而持重的民族，多居山区，他们有自己的语言和文字，使用彝语西部方言西山土语中的第一次土语（巍山以西）。彝族古文字，称为“爨文”，光绪《顺宁府志》引《旧志》载：“大罗罗，习爨文”；但未见使用记载。明清以来，境内彝族均使用汉文。信仰道教、基督教、原始宗教，供天地、供祖先，祭花神。

彝族崇尚恋爱婚姻自由，未婚男女可以通过“串姑娘”的活动找对象，有“抢亲”习俗，没有儿子的家庭也可招赘，称为“招儿子”。基督教信徒的婚礼在教堂举行，由“撒拉”主持。家庭形式以父系小家庭为主，儿子结婚便另立门户，女儿出嫁从夫居，由小儿子养老送终并继承家产。历史上行火葬，民国年间逐步实行土葬，非正常死亡者，实行木棺火葬。俐侎人出殡皆在晚上，还要请“朵觋”念诵“教路词”。

彝族的服装极富特色，其中又以俐侎人的着装最具代表性。俐侎人以黑为贵，男女老幼皆着黑衣，通常用板蓝根浸染。女子服装较为宽大，头戴形如瓦状的头巾，用黑布或黑白相间的花格子布缝制。外衣为无领对襟衣，袖筒宽大。襟边及领口、袖口、衣脚用色布和黑布镶压成边，衣脚加饰犬齿图案。内衣为矮领对襟衣，领襟镶银泡，胸襟钉银牌，腰带束身。裤子宽大，穿时将裤脚收拢对折上挽，护腿扎于膝下，护腿镶色布和犬齿图案。系一大一小两个围腰。胸前缀银链，俗称“三须”。戴大耳环、宽、窄手镯、指箍。身背称为“筒巴”的大布包。老年男子头缠包头，上穿无领右衽大襟衣，腰束黑布腰带，下着大脚裤。青年男子多着立领对襟衣和直筒裤。

彝族的民间文学非常丰富，题材广泛，民族历史、反对剥削压迫、争取婚姻自由、歌颂英雄主义、鞭挞贪官恶霸、讽刺自私行为、风俗节日之源起以及赞美亲情等等内容皆有涉及。不少故事充满了传奇色彩，充分表达了彝族人民爱憎分明的善恶观，以及敢于和强权作斗争的民族个性。

《十五山的来历》《阿弟多》《苦妹郎》《九兄弟》《竹口篁的传说》《芦笙的传说》《火把节的来历》《俐侎人起源的传说》《打歌的传说》《牧羊雀的来历》等故事，具有一定的代表性。

彝族喜欢“打歌”，凡是重要庆典活动，必有“打歌”相伴。“打歌”有“大跳”和“小跳”之分。“大跳”为男性舞蹈，动作幅度大，节奏明快。“小跳”分为男子小跳和女子小跳，动作较为舒缓。伴奏乐器有芦笙、笛子、三弦和唢呐。

彝族男子普遍饮茶，喝烈性白酒，男女老少爱吸草烟。主食大米、玉米、小麦，肉食以羊肉、猪肉、牛肉、鸡肉为主，羊肉喜欢清炖成“粑烀”。喜欢自己加工核桃油食用。

2. 佤族

佤族是一个粗犷而豪放的民族，以黑为美，所以民间有谚语说：“牙齿黑才好共欢笑，脚步响才好共走路。”佤族有自己的语言，因居住区域不同使用三种方言，沧源、双江佤族和耿马除勐简乡以外的佤族使用巴饶克方言（又称岩帅方言）；永德、镇康的佤族使用佤方言（又称勐汞方言）；沧源与西盟及缅甸交界地带的佤族使用阿佤方言（又称马散方言）。凤庆、云县境内的佤族已改操彝语或汉语。佤族历史上没有自己的文字，文化传承靠口耳相传，生活记事靠刻木结绳，传递信息靠以物达意。20世纪30年代，英国传教士为了传播基督教，编制了一套佤文，俗称“老佤文”或“撒拉文”，使用范围仅限于接受了基督教信仰的信众。新中国成立后，党和政府非常重视佤族的文字工作，于1957年为佤族创制了一套以拉丁字母为基础的拼音文字，俗称“新佤文”。

佤族普遍信仰原始宗教，有部分佤族信仰南传佛教和基督教，盛行祭祀“木依吉”和“叫魂”。凤庆和云县一带的佤族还信仰道教。

佤族通过“串姑娘”的方式自由选择恋爱对象，但同姓不婚。历史上多与汉族、傣族通婚，20世纪50年代以后，与外族通婚逐渐增多。佤族行土葬，基本不垒坟不立碑，有抛掷鸡蛋选择墓地的风俗。村寨一般有两处公共墓地，一处埋葬正常死亡者，一处埋葬凶死者。

佤族尚黑贵红崇黄，因支系不同和居住区域不同，服饰各有特色。女子以长发为美，多用彩带缠发盘于头上，再戴彩虹头饰或以黑布、花方巾包头。上衣是领口为圆形的无领右衽或斜襟短衣。部分村寨的佤族用红腰带束腰。下裳为幅布织锦裙或有条纹装饰的直筒长裙，内穿长裤或裹腿，有些老人依旧沿袭着用篾圈固定裹腿布的习惯。喜戴大项圈、各色料珠、手镯、耳筒、耳环等，饰品以大和多为美。沧源岩帅镇岩丙村女人服饰中最为有名的是用贝壳制作的“布鲁”腰带。居住在沧源勐来乡曼来的佤族喜着白裙，耿马勐简大寨的佤族穿黄衣黄裙，可能与佛教信仰有关。男子缠黑布包头，头人、巴猜、歌手、砍头英雄、有名望的珠米以及德高望重的老人缠红布包头，穿无领对襟或大襟上衣，下穿大裆宽腿裤。尤爱背挎包，挎长刀、扛猎枪，为英武的象征。

佤族民间文学丰富而多样，神话、传说、故事、童话、寓言、笑话应有尽有，种类齐全。有人类及万物起源的神话故事、有勇敢机智的人物故事，有妙趣横生的动物故事、有生产生活风习故事，有歌颂生死相随的爱情故事，还有关于文字来历的故事等等，内容涉及佤族世俗生活的方方面面。《司岗里》是佤族民间文学最有代表性的作品，它讲述了万物起源、人类起源，也展现了佤族辗转迁徙的历史，以及在发展过程中如何学会了纺织、如何驯化物种等等内容，关于佤族在精神生活及物质生产方面的问题，或多或少都能从中寻找到答案。佤族新文学创作，繁荣而昌盛，取得了不俗的成果。佤族女作家袁智中创作的文化散文《佤文化探秘之旅—远古部落的访问》荣获第九届全国少数民族文学创作奖“骏马奖”，伊蒙红木创作的报告文学《最后的秘境—佤族山寨的文化生存报告》，荣获第十一届“骏马奖”。在绘画艺术方面，最具代表性的为沧源崖画，目前共发现了17个点。沧源崖画距今已有3000多年的历史，是远古佤族先民的原始绘画艺术杰作，在中国岩壁艺术史上占有重要地位。

佤族是一个能歌善舞的民族，民歌和舞蹈的类型都很丰富。民歌有山歌、唱调、玩调、劳动歌、风习歌、歌舞曲（即打歌调）、儿歌七大类。就地域而言，岩帅型民歌旋律欢快优美，歌咏内容广泛；糯良型民歌比较古朴，音律和曲调较为特殊；班洪班老型民歌，吸纳了许多傣族音乐因素；耿马四排山型民歌较为古朴，内容与其生产生活紧密结合。以佤族民间音乐为元素创作和改编的歌曲，随着司岗里狂欢节的举办，被推向了大江南北，广为传唱。最受欢迎的歌曲当属由李江平创作的《月亮升起来》和李柏松根据沧源岩帅镇贺勐村民间歌曲《我想阿哥掉眼泪》改编的《想你》。佤族的舞蹈可分为劳动性舞蹈、风习性舞蹈和娱乐性舞蹈。人们最爱跳的是圆圈舞、甩发舞、跺脚舞、木鼓舞等。木鼓是佤族的通天神器，木鼓舞为祭祀性舞蹈，男女都可参加。木鼓舞以木鼓为主乐器，以铓，锣、钗为附加打击乐器，整套舞蹈包括拉木鼓舞、铓锣舞、剽牛舞、刀舞、甩发舞、跳木鼓房舞、迎头舞、供头舞、送头舞。现在的木鼓舞已演变成欢庆性舞蹈，被广泛流传。木鼓舞是国家第一批非物质文化遗产保护名录，甩发舞则被列入了云南省第一批非物质文化遗产保护名录。

在佤族的传统体育中，最有名的是摔跤、打鸡枞陀螺和磨盘陀螺。两种陀螺的得名主要源于形似，鸡枞陀螺是双江佤族的传统运动项目，多次在全省少数民族传统体育运动会上作为表演项目进行表演。据传，鸡枞陀螺起源于“三国”时期，是佤族先民祭祀时的助兴活动之一。磨盘陀螺为镇康佤族的传统运动项目，春节期间，村寨间常常相互邀约开展比赛活动，一决技艺高下。

佤族在饮食方面好辣，无辣不欢。加工食物喜欢火烧、炖煮、舂捣、氽揉等，崇尚自然风味。最佳饮品是水酒，最佳佐餐是舂"抓"，最佳美食是烂饭。烂饭的种类极其多，任何食材到了佤族手中，皆能做成各式各样的烂饭，最出名的当属鸡肉烂饭，根据烹饪方式，可分为刀砍鸡肉烂饭和手撕鸡肉烂饭两种，它是佤族待客的佳肴。佤族喜欢喝水酒，有无酒不成礼之俗。佤族把水酒称为"布来浓"，是民间用来散热解渴驱乏的清凉饮料，也是招待亲朋好友的必备之物。

3. 傣族

傣族是一个勤劳而聪慧的民族，有自己的语言和文字。临沧傣族使用德宏傣语，兼用傣那文和傣绷文。傣绷文主要是居住在耿马孟定坝的傣德支系所使用，已被列为云南省第一批非物质文化遗产保护名录。傣族信仰南传佛教，有摆润派、朵列派、摆顺派、左抵派，几乎每个村寨都有佛寺。男孩在少年时期要到佛寺里当一段时间的小和尚，接受教化，学习传统知识。送男孩进佛寺的仪式很隆重，俗称“赶摆”（升小和尚）或“收纳小和尚”。进寺时，脱下俗衣，披上袈裟，便一路畅通步入了佛光照耀的圣殿；离寺时，脱下袈裟，文上圣符，终其一生便得到了佛的庇护。年过40岁的人，不论男女，在每个月的“宛信日”都要到佛寺“纳佛”。

在傣族家庭中，妇女比较受尊重。儿子婚后自立门户，幼子继承财产，赡养父母。丧葬有土葬和火葬，葬后不砌坟不立碑。

傣族服饰按支系可分为两种类型，傣那男子穿对襟上衣，下着宽大黑色或兰色长裤，戴圆形布帽或线织头套。老年妇女缠黑布包头，中青年妇女包白色头巾。上衣为黑色、白色或浅兰色的领口为圆形的圆摆右衽衣，衣袖紧而短。下着黑色筒裙，腰间系绸缎腰带，穿圆口船形绣花鞋。节日通常会在黑裙里加穿一条黄色锦缎裙。傣德妇女绾发髻于头顶，包淡雅头巾。年轻女孩多挽髻插鲜花或绢花。上衣为粉红、嫩黄或纯白的齐腰窄袖圆摆右衽衣，下穿各色花筒裙，系绸缎腰带或银制腰带，戴耳环和手镯，穿船形绣花鞋。出门常戴自制笋叶斗笠，盛装女孩，婀娜娉婷。

男子穿浅色对襟衣，同色直筒裤，多戴水红、浅蓝等色包头，在右耳上方垂下一角为饰。傣族妇女擅长刺绣，所绣纹样多为举目可见的美好景物，她们常常把蝴蝶鲜花绣在衣服、筒裙及鞋子上，把一袭傣衣装扮得无比漂亮。傣族多居河谷平坝，家家户户喜爱栽花、植树、种竹，寨外绿树长青，秀竹婆娑，寨内繁花似锦，蝶飞蜂舞。优美的环境，富足的生活，造就了傣家人在服饰审美的取向上常以清丽淡雅的色彩为主，款式简洁大方，线条柔顺流畅。

傣族自古以来便有文身饰齿之习，男子常于肩、背、胸、手臂、小腿等部位刺各种花纹图案和经咒，以蓝靛染色，且喜镶金齿；许多傣族认为，不文身的人死后，祖先不会与之相认。文身还是勇士的象征。老年妇女喜嚼槟榔，以漆齿护齿。

傣族有大量的文学作品保存在傣文写本中，流传较广的有《喃京布的故事》《白牛公主的传说》《娥并与桑洛》《香发姑娘》《耿马地名的传说》《孟定地名的传说》《泼水节的传说》等等。傣族的歌舞绘画艺术也很丰富，具有代表性的舞蹈有象脚鼓舞、孔雀舞、白象舞、马鹿舞、面具舞等，其中的白象舞、马鹿舞已被收录到云南省第一批非物质文化遗产保护名录中。傣族民歌有山歌、对唱（多为即兴之作）、情歌、念情书几大类，他们把能说会唱的民间歌手，称为“摹敢”。耿马孟定镇的岩罕更（笔名岩更）是傣族著名的歌手，他创作了许多脍炙人口的歌曲，深得人们的喜爱，其代表作《赶摆归来》流传最广。民间绘画为彩墨画，画的多是孔雀、大象、马、牛、蝴蝶、鱼、花草、瓜果、芭蕉树等动植物，还有房屋和人物。佛殿挂的幡上，多画宗教故事，宛如连环画。傣族有历史悠久的历法，其经典是《苏定》《苏利亚》。傣历主要用于宗教活动和婚丧择日。

耿马孟定傣族和永德永康傣族传承至今的构树皮手工造纸技艺，完整保留了造纸术发明初期的工艺流程，有采料、晒料、浸泡、拌灰、蒸煮、洗涤、捣奖、浇纸、晒纸、砑光、揭纸共十一道工序，与北魏贾思勰在《齐民要术》中记载的构树皮造纸方法一致，堪称造纸术的“活化石”。这种纸具有坚韧柔软、久存不陈、力撕不破和防腐防蛀等特点，是抄写经书、书法创作、文书行文、捆扎钱币、包装普洱茶、保存文献的最佳用纸。民间常用来扎牛扎马扎俑人，裱龙裱凤裱蝴蝶裱大象裱马鹿，做剪纸、刺绣纹样等，广泛用于生产生活中，深受边疆各族人民和东南亚国家的赞誉。

傣族钟爱糯米饭，饮食特点是酸、辣、凉、鲜，独特菜肴有酸鱼、酸肉、撒撇等。耿马孟定傣族加工制作的酸肉，非常有特色。加工好的酸肉用翠绿的东京叶包成条状拴紧扎好，然后10条8条不等束成捆出售，既便于携带，又便于保存，是风味独特的馈赠礼品。

4. 拉祜族

拉祜族是一个质朴而勇敢的民族。临沧拉祜族使用拉祜纳方言，民国年间，美国传教士曾用拉丁字母设计了一套拉祜文，在宗教活动中使用。1956年，国家为拉祜族设计了新文字，次年初正式试行。拉祜族信仰万物有灵，最高的神是“厄萨”，认为魂附着于物体之内，魂去物亡。因其善猎，猎头家里常供猎神。基督教传入后，部分拉祜族信仰基督教。

拉祜族婚恋自由，父母极少干预。历史上曾有过父系母系并存的双系家庭，这种家庭形式为若干小家庭组成一个大家庭，由大家长领导。大家长可以是女性来担任，也可以是男性。新生婴儿由长辈命名。男性均称“扎”，意为剽悍、勇武；女性均称“娜”，意为贤惠、善良。拉祜族多行火葬和土葬，各地葬礼有所不同，每个村寨都有公共墓地。

拉祜族自甘青高原迁徙而来，着装习惯既保留了西北民族的一些特点，又融合了南方民族的特色。女子喜穿长袍和大口裤。长袍多为蓝色或黑色高领右衽长袍，下摆左右两侧开衩至腰部。领襟、胸襟、肩部等采用色布和银泡装饰，整套衣服银泡多达数百个。袖子用红、白、黄、绿等色布拼接。内穿大口短裤，膝下套护腿（又称膝裤），护腿上端开衩，穿时往下折翻。大口短裤裤口及护腿，除用色布装饰外，还绣有犬齿图案，钉银泡。常束腰带，平时多将长袍的前襟撩起塞入腰带露出裤脚及护腿。喜背装饰精美的挎包。南美拉祜族盛装头饰非常艳丽，头巾上除了镶饰银泡外，末端缀有长长的彩色线穗。头巾在额头绕成三角形后披于后背，线穗如彩虹般垂至小腿。男子上衣为蓝色对襟衣，两袖中部镶嵌黑布，袖口和衣领镶色布。裤子短而肥大，形似蜂筒，又叫“蜂筒裤”。因分布在不同的县区生活，拉祜族服饰也有地域上的差异。

民间文学中，拉祜族传唱最广的是创世史诗《牡帕密帕》，还有迁徙史诗《根古》，分支史诗《兄妹分居》，习俗史诗《扩根哈根》《追蜂记》《结亲缘》，祭祀诗《叫魂歌》《送葬安魂歌》等。《根古》，讲述了拉祜族从南氏北氏逐步南迁的故事，他们由南氏北氏到达“阿沃阿戈多”，又迁到“糯弄糯谢”，然后跟着马鹿来到了“勐缅密缅”。拉祜族的舞蹈“嘎克”，即打歌，花式套路甚多，作为拉祜族的非物质文化遗产，已收录了七十二套路打歌。

家庭手工业有纺织、染布、竹编等，竹编工艺以临翔南美和双江细些两地最为有名。

拉祜族多居山区，善种荞，有用石板煎荞粑粑的独特烹饪技术。选一块大小厚薄适中的青石板，放在火上烧至发烫，勿须放油，用勺子舀出荞面浆放到石板上摊开烤熟即可，用这种方法加工出来的荞粑粑，清香爽口，味道甚佳。特色荞面制品还有蒸糕“阿戛”，荞面加水反复用力揉搓，揉成颗粒状后，再加浸泡好的糯米搅拌均匀，放入甑子里蒸。蒸熟后，色泽嫩黄中带碧绿，非常清新。入口，既有糯米的清香，又有荞籽的苦凉，是拉祜族待客上品。拉祜族喜欢吃野菜，辣椒是绝不可少的佐料。无论男女都爱饮烈性白酒。

5. 布朗族

布朗族有自己的语言，临沧的布朗族使用阿尔瓦方言。信仰南传佛教和原始宗教，他们相信万物有灵，信仰的鬼神很多，认为鬼神无所不在，盛行“祭竜”。流行看鸡骨卦，看的是鸡头骨、鸡腿骨、鸡翘骨，由求卦者先许愿再看卦。又因信仰佛教，几乎每个寨子都有佛寺，其经典和仪式与傣族同。

布朗族恋爱自由，每年三月是谈情说爱的好季节，恋爱的前奏是“串姑娘”活动。入夜，小伙子们便相邀到姑娘家门前，弹起牛腿琴，唱起“开门调”，待姑娘开了门入了屋，又唱“凳子调”。姑娘边摆凳子，边答唱。若双方有意，便互赠小礼物。恋爱虽然自由，但婚姻皆由父母做主。各地布朗族的婚俗大同小异，有说媒、过礼、迎亲、回门等环节。布朗族的葬礼，根据死亡情况分为两类，大多数地方对于正常死亡者采用土葬，对凶死者用火葬，各村寨有固定的墓地。

布朗族的服饰简洁大方，极少装饰，以素净为主。女人们常穿黑色或蓝色的窄袖右衽短衫，衣脚呈弧形。喜欢用色布在领口、袖子部位镶拼作装饰。裙子为黑色筒裙，小腿裹绑脚，系腰带，喜戴耳环和手镯。戴黑布包头，略呈梭形，两端留一段拉伸披于耳后。男子多穿黑色或青色无领对襟衣，下穿黑色摆裆大脚裤。老人多缠包头。所用衣料为自织土布。布朗族的纺织历史很悠久，汉、唐以来的“橦华布”“帛叠布”皆有布朗族先民的贡献。妇女从小就要学习织布，不会织布会被人看不起。布朗族的“牛肚被”是用粗棉线织成的线毯，一面起绒，一面平织，代表了布朗族一定的纺织水平。

布朗族的民间传说很多，流传较广的有关于人类起源的《兄妹成婚衍人类》，有关于稻种来源的《白鼠王的故事》；还有大量的婚嫁歌、贺新房歌、节令歌、叫魂歌、祭祖歌、哭丧歌、情歌、儿歌等，内容几乎涵盖了布朗族生产生活的各个层面，王国祥先生的《布朗族文学简史》都有收录。蜂桶鼓被布朗族视为通神器物，“祭竜”时，必须敲响蜂桶鼓。人们边敲鼓边跳舞，向神祈求平安，保佑布朗山寨人畜兴旺，风调雨顺。蜂桶鼓舞最初为祭祀舞蹈，现已发展出了喜庆娱乐类的鼓舞。蜂桶鼓舞已被列入云南省第一批非物质文化遗产保护名录。

布朗族喜欢吃酸性菜肴，特色菜有酸笋、剁生、骨头生等。骨头生是用猪肋骨加工制作的，把骨头剁碎，拌上盐，用棕叶包成一个个的小包放入罐中腌制而成，常作为馈赠亲友的礼品。

6. 白族

临沧白族使用汉语，信仰汉传佛教，也有人信仰道教。定居于城镇的白族多为手工艺人，主要从事木器加工、铁器打制、制革、缝纫等小商业活动。临沧各地古建筑的修缮，如沧源广允佛寺、凤庆文庙等，基本由剑川木匠所承修。居住在山区的白族，主要从事农业，生产工具、耕作方法与汉族、彝族相同，种植水稻、玉米、薯类等，尤其擅长种植豆麦。

白族的婚嫁仪式与当地彝族、汉族大体相同，有说媒、合八字、过礼、迎亲、“改口”、宴客、回门等。也有招赘习俗，生了孩子后，长子立嗣，次子归宗（随父姓）。入赘的女婿，可以继承财产。明代以前盛行火葬，现在行土葬，砌坟立碑。

临沧白族由于各种因素影响，大多已不再穿着本民族传统服饰，日常穿着与周边汉族同。

白族有很高的文化艺术水平，市内白族尤爱滇剧和花灯。凤庆县著名滇剧艺人赵兴仁就是白族。民间流行大本曲，在三弦的伴奏下说唱各种故事。民间故事多是讲述本民族历史或是历史人物，如《段氏迁徙云县的传说》《段赤诚的故事》《杜朝选的故事》等。

白族的食品加工水平、烹饪技术很高，名特菜品很多，其饮食文化非常丰富。临沧白族的风味食品有肉冻、饵丝、汽锅鸡、“马打滚”等，玉米蒸饭、荞面蒸糕也很不错。

7. 傈僳族

傈僳族的语言属于汉藏语系藏缅语族彝语支，镇康、耿马傈僳族不但会说自己的语言，还会拉祜语。傈僳文原为传教士所创，新中国成立后，国家为傈僳族设计了一套新的文字，并印刷了各种读物在傈僳族中推广使用。耿马傈僳族多识新文字，在日常生活中用来记账和写信。傈僳族普遍信仰原始宗教，尤其崇奉山神、猎神、土地神。凤庆傈僳族出猎前，要杀一只小公鸡先敬献猎神。基督教传入后，大部分傈僳族信仰基督教。

傈僳族恋爱自由，镇康傈僳族男女青年恋爱时，常用“霞加兔吐”（土电话）谈情说爱。这种土电话用竹筒制作，竹筒的一端蒙上纸，于纸的正中间穿上一根长线，双方各执一个便可相互对唱情歌了。在恋爱婚姻中，有一些禁忌必须严格遵守，姨表不通婚，同一家族，三代以内也不能通婚，三代以外，舅舅家有优先选择权。在家庭生活中，男女分工明确，妇女负责纺织、缝纫、栽秧，男子负责砍树、烧地、犁地。父母由幼子赡养，无子则可招婿。丧葬习俗视情形而定，正常死亡者土葬，非正常死亡者火葬，基督教信徒仍行土葬。镇康傈僳族在出殡后的第五日晚上，还会举行“闹丧”，众人到死者家中歌舞，唱古本《孤儿调》。耿马傈僳族，死者下葬后，要将随葬品挂在土坟的两旁。若死者为男性，就挂砍刀、弓弩、箭袋、篾箩；若是女性，就挂针线、纺织工具、锅碗勺等，都是与其生前身份相符的生产生活用品。

傈僳族妇女喜欢用粉红、嫩绿、浅蓝等对比强烈的彩布装饰衣服。衣服款式通常是黑色右衽长袍，衣襟、肩部、袖子、后背、袍脚用色布镶拼，色泽绚丽而热闹。下穿短裤，包裹腿，系围腰。用黑布包头或戴有线穗装饰的圆盘式包头。镇康傈僳族的女装，身后还有一个倒三角尾饰，较为独特。傈僳族男子多穿棉麻对襟短上衣，裤子长略过膝，青黑布包头。

傈僳族民间流传着许多的神话故事，多与他们早期的生活相关，有《开天辟地的故事》《猎神的故事》《宗教源流》《鱼姑娘》《青蛙与乌鸦》《为什么谷穗长得像狗尾巴》等。还有一类被称为“古本”的口头传唱诗歌，有《生产调》《重逢调》《逃婚调》《打猎调》《放羊调》《嫁姑娘调》《迎亲调》等，据说都是从古辈那里承袭下来。男女老少均爱打歌，民歌常用独唱、对唱、二部合唱、齐唱、轮唱的方式演唱。《过年调》是一首欢快的歌曲，由男女分声部轮唱完成。青少年喜欢玩秋千，爱打陀螺，也善于射弩。春节期间，一般要打三天的陀螺。

傈僳族主要使用夏历，但他们根据观测到的物候现象，结合自己的生产农事特点，又将一年分成了十个月，樱桃花开之月为第一个月。依次为，过年月、盖房月、花开月、鸟叫月、烧火山月、饥饿月、醉酒月、狩猎月、采集月、收获月。很显然，这套历法，形象地反映出了他们过去周而复始的生产生活。

傈僳族对食物的加工比较粗放，煮，是最主要的烹饪方式。杀年猪时，常剁骨头生，用冬叶包好，放罐内贮存。男女老少嗜好抽烟、喝酒、饮浓茶。饮茶时，常用陶罐或去皮小竹筒煎煮，熬至极浓方才饮用。

8. 回族

回族通用汉语汉文，部分老人会一些阿拉伯语和波斯语词汇。回族信仰伊斯兰教，经典是《古兰经》，目前市内共有清真寺 9 所、临时活动点 1 个。

回族婚姻自由，男女青年相处之后，若愿意结为秦晋之好，男方就要请媒人上门说亲，得到女方家长的同意后，便可择日举行“拿手”仪式，即订婚。“拿手”结束，亲事便定下来了。之后，各自准备结婚事宜，期间，男方要向女方“催结”，即提出结婚，由女方选定结婚日期。结婚当天，先由德高望重的老人给新人作训诲，再由阿訇念“喜经”，最后是向新郎新娘抛“喜钱”。待新生命降临人世，在进食之前，须请“吾梭”喂花蜜。“吾梭”先为婴儿轻声祝赞、念礼词，让婴儿来到人间听到的第一个声音就是赞主之声，然后再给婴儿喂花蜜，并起一个经名。回族提倡厚养薄葬，丧葬讲求速度和简朴，实行土葬。

回族日常着装与汉族同，参加宗教活动和民族节日时，多穿传统服装。男子戴白帽或用头巾缠头，阿訇穿绿色礼服和白长衫，戴塔形尖顶礼帽。中老年妇女喜戴白色和黑色盖头，年轻女子戴浅色盖头或花盖头，穿大襟衣。整体感觉简洁素雅，具有端庄沉静之美。

回族加工食物的方法很独到，每逢入冬，多数人家就要开始腌制牛干巴、腊鹅、腊鸭了。腊鹅的加工制作比较复杂，须选换齐羽毛的大鹅，用玉面米做成条状进行填喂催肥，俗称“塞鹅”，20 多天后便可宰杀。宰杀之后，用清水浸湿羽毛，开膛除去内脏，用线缝好，再把鹅投入沸水中，褪净鹅毛，拆掉线，认真清洗。待残血去尽，晾干后抹上盐，腌2至3天，取出压平，白天晒，晚上露，待风干后便可食用和贮藏了。腊鹅，以其清香鲜美和肉质细嫩的特点，深得食客青睐。腊鸭的制作工序大体与之相同。

9. 苗族

临沧的苗族使用苗语的川、滇黔次方言，通晓汉语，使用汉文。大多数人信仰原始宗教，相信万物有灵，敬天地、祭祖先、信鬼神。有少数人信仰基督教。凤庆县的一些苗族村寨还保留着寨老制度，寨老经群众推举产生。能够当上寨老的男性长者，都是正直、公道、有威望、能办事的人。村寨的祭祀活动，农事生产，婚丧嫁娶，对外联系等事务，皆由寨老来主持。

苗族恋爱自由，家庭形态以男性长者为家长，父母由次子赡养。年轻人进入谈婚论嫁后，一般要经过三个环节，方能完成婚姻大事。一是请媒人说亲，俗称“说媳妇”。二是订婚期，即“支酒壶”。三是娶亲。婚礼当天，要通宵打歌。婚后，男不远行，女不结交外人。婴儿生下三天要叫魂，称为“做三招”，由家中年长者为孩子取名，同时也要给孩子的父亲取个“老号”。苗族实行土葬，老人去世时，要穿自织的麻布长衫。麻布衣通常在生前备好，放在枕下或床垫下，认为这样做便可为老人驱病延寿。若无麻布衣，据说到了阴间，祖宗不会与之相认。镇康苗族有用鸡蛋选择墓地的习俗，在出殡路上，要请“先生”（巫师）为死者念诵《指路》古本指路，历数通往祖先居住的地方和迁徙途中的地名，以使亡魂顺利回到祖先发祥地。

镇康、凤庆两县苗族分别属于青苗、白苗和花苗支系，着装风格甚是迥异。镇康苗族女子戴高耸的三角形黑包头，穿大方领对襟衣，外罩对襟褂子，下穿百褶裙，系围腰束彩虹腰带，裹白布绑腿。衣服多采用色布拼接装饰。男子穿黑布和麻黄布大襟衣，外加袖口镶绿布边的对襟小卦，系各色飘带，下着摆裆裤。凤庆苗族，无论男女皆着对襟绣花衣和对襟褂子，系围腰，通身上下花团锦簇。女子戴圆盘式包头，穿百褶裙，裹白布绑腿；男子戴黑布包头，绣花衣下穿长裤。服饰的装饰手法以色布镶拼和刺绣为主，遍布全身的花纹图案极其耗时费工，一个女人终其一生，只能缝制7至8套传统服装。缝制衣服技艺的高下，是衡量妇女能干与否的标尺，所以女子从小就要跟随母亲学习纺麻织布和刺绣。初成少女时，还会拥有一块私房地用来种麻。

苗族早期神话传说有《老人开天地》《种子哪里来》《洪水朝天》《兄妹为妻》等，多是讲述天地形成、人类起源的一些故事。苗族的舞蹈大体可分为，有喜事发生时跳的娱乐性舞蹈，有“做斋”时跳的祭祀性舞蹈，有“跳神”时跳的宗教性舞蹈“巫舞”。据说，巫舞是苗族最古老的舞蹈，当他们的祖先还在黄河流域生活时就开始跳了。苗族把跳舞叫做“打歌”，“打歌”用大芦笙伴奏，丧事“打歌”会多加一个牛皮鼓。在《凤庆民族民间舞蹈》中，共收录了12种苗族“打歌”。苗族的传统体育有射弩，春节也喜好打陀螺。

10. 德昂族

德昂族同佤族一样，语言属南亚语系孟高棉语族佤德语支，使用纳昂方言，懂傣文，日常生活中通用汉语。德昂族信仰南传佛教，较大的村寨几乎都建有佛寺。宗教祭典叫“做贡”，大规模的祭典叫“做大贡”，常与傣族联合举行。他们的民间祭祀往往与佛教有着千丝万缕的联系，祭鬼供神的原始崇拜活动都是由佛爷和安章（还俗的佛爷）主持。

德昂族青年男女通过“毫未尼别”，即串姑娘找对象。德昂族青年男女到了婚恋年龄，都要参加青年男女的婚恋组织，由这个组织带领大家进行集体性的社交活动，为青年男女的相识和恋爱提供机会和场所。先是集体“串”，一群男子与一群女子约会,互相物色对象;然后是个别“串”。双方情投意合时，男孩会赠给姑娘茶叶、腰箍等礼物，当姑娘把礼物挂于床头时，父母便知晓姑娘心意了。订婚仪式称为“吃茶”或“小办”。婚礼请佛爷和安章主持。新媳妇上楼时，婆婆要给她洒谷花，撒花仪式结束，新娘走上晒台，跟随婆婆进入新房。男方事先请好的“安章”，随即在火塘边为他们主持婚礼，安章念《门格腊》经祈求佛祖赐福给新人，祝新婚夫妇百头偕老。德昂族内部同姓不通婚，与其他民族联姻较少。实行土葬，有公共墓地，用鸡蛋选择墓穴位置，横山而葬，不立碑，不祭扫。非正常死亡者，火葬，不抬回家收敛。

德昂族女装最引人注目的便是镶嵌在襟边的红布和腰间的腰箍。上衣短小，为蓝色、绿色或黑色的领口为圆形的对襟衣，襟边镶两道红布条，若是盛装，则在红布条上加钉银牌。裙子为黑底红纹装饰的长筒裙，小腿包裹腿布。女人的头饰由头巾、头箍、料珠串等组成，发辫盘于头上。腰上佩戴用竹篾和细藤篾制作的数十道腰箍。传说，德昂族的祖先刚从葫芦里出来时，女人们会到处乱飞，男人为了拴住女人，就用藤篾编成圈将她们套住，女人们再也飞不起来了，只好同男人生活在一起。后来篾圈演变为腰箍，成了爱情的信物和颇有特色的装饰物。青年男子以白布包头，尾饰绒线球，上穿对襟布纽扣衣。下穿蓝布摆裆裤，脚扎绑腿。腰系红、黄、绿、白等色布做成的两三条腰带，腰带两端垂于左右两侧。身挎长刀，背白色挎包。

德昂族以善于种茶而闻名，被称为“古老的茶农”。或许源于人类是天界茶树叶子所变成的神话传说，德昂族对茶有一种特殊的情怀，茶在他们的生活中占据着非常重要的地位。婚丧嫁娶、解决纠纷、联络感情都离不开茶，形成了一套独特的茶俗茶礼。在恋爱婚姻中有传情茶、订亲茶、友谊茶、订婚茶、迎亲茶、拜堂茶、拆棚茶，环环皆茶，因而德昂人的婚姻也被人们誉为“茶婚”，这里的茶从头到尾透着甜蜜、喜庆和憧憬；在日常生活中，有迎客茶、敬客茶、送客茶、回心茶、和睦茶、亲家茶、调解茶、拜师茶、择算茶、祭祀茶、葬礼茶、献龙茶、献穡茶、佛杆茶、平安茶、浴佛茶等，这里的茶自始至终飘逸着俗世凡尘的烟火味，浓郁而芳香。茶，遍布于德昂族生活的各个角落，一杯杯醇香扑鼻的茶水传递的是德昂人真挚的情感。德昂人喜喝浓茶，常将茶叶放入小茶罐里边抖边烤然后加水煎煮，待颜色呈咖啡状时方倒入被称为“牛眼睛杯”的小茶盅里喝，茶香回味绵长，具有上好的解乏功效。

德昂族的口传文学非常丰富，有反映人类起源、民族迁徙的神话传说，有讲述宗教起源和节日来历的宗教故事、有借动物喻人间善恶的动物故事，有反映男女青年反抗包办婚姻的爱情悲剧故事等等。《达古达楞标》《创世传说》讲的都是人类的起源与茶树有关。《龙女的传说》则讲述了德昂族服饰的来历。德昂族的歌舞艺术也是独具一格，其佛鼓舞非常有特色。佛鼓，佛之鼓，德昂语称为“耿冷胆”。佛鼓舞是一种男性宗教舞蹈，只有在重大宗教活动或迎接外寺长老的场合才会跳。伴奏乐器以佛鼓为主，再配以大铓和拨。可以说，佛鼓舞是德昂族最有代表性的舞蹈之一，对于研究德昂族的宗教文化具有重要价值。

德昂族喜食酸辣。村寨周围多种竹，竹笋很多，常加工成干巴笋、笋丝、灰笋、烂笋、腌酸笋等。酸笋煮牛肉、煮鸡、煮鱼，都是很不错的特色菜。自然风味的食材特别受欢迎，可用来做菜的昆虫有，蜂蛹、酸蚂蚁、飞蚂蚁、知了、蚂蚱、竹虫、树心虫等，营养价值都非常高。火灰焐鱼的味道也很独特。他们还喜欢把刚采下的新鲜茶叶用不同的方式进行加工后食用，常见的有泥缸茶、陶腌茶、竹腌茶、凉拌茶、酸茶几种。酸茶多直接嚼食，这种酸茶酸苦中带甜，它的最大功用就是清热解暑。

11. 景颇族

景颇族的语言属藏缅语族的景颇语支，耿马景颇族主要使用大山方言。信仰原始宗教，认为天上的鬼，以太阳最大，地上的鬼以地鬼最大，家鬼以“木代”（官家的鬼）最大。每个家庭会供奉一个本家族中最有威望、最杰出的祖先。宗教活动的主持人叫“董萨”。“董萨”在村寨拥有很高的地位，可以参加村寨事务的管理。

景颇族的未婚男女皆可自由交往，但同姓同宗不通婚。提亲须托媒，在媒人动身之前，必须先请“董萨”看竹卦，卦吉，才能让媒人到姑娘家提亲。婚礼由“董萨”主持，结婚当天，新郎家要杀猪宰牛宴请宾客，婆婆还要牵着新娘的手“过草桥”。在靠近大门的前方，挖3个坑，埋上砍来的“公笆”（公笆是景颇语，即蓬蓬草），再用新伐的木棉树，砍成近2米长的木枋，平放在3丛“公笆”中间。远观，犹如青草盈岸的一座独木桥。新娘只有跟着婆婆走过木枋，穿过“公笆”，才能算是这家的人，以后的生活才会幸福。每丛“公笆”旁边站一位“董萨”念“吉利”。景颇族的丧葬有土葬、火葬、天葬。正常死亡者，土葬；非正常死亡者火葬。葬礼结束后，要为死者举行一次送魂仪式。面向祖先发祥地，由“董萨”念诵送魂词，其目的是将死者的魂送回祖先的身边。

景颇族钟爱黑红两色，女子戴红色织锦包头，上穿黑色对襟短上衣，下穿红色织锦裙，裹同色护腿。上衣领口、襟边及肩部缀满银泡、银牌和银链，随着身体的摆动，银饰闪闪烁烁，熠熠生辉，甚是炫目。景颇族男子穿黑色对襟衣，大裤脚短裤。男子用黑布或白布包头，包头有花边、图案并缀彩色小绒球。男子左耳戴耳环，左手戴银镯。外出时常佩腰刀和背挎包。

景颇族的民间文学有诗歌、传说故事、情歌三大类。舞蹈有祭祀性舞蹈和欢庆性舞蹈两大类。祭祀性舞蹈有“布滚戈”“总戈”。“布滚戈”在有丧事时跳；“总戈”有多种，现在都把“目瑙总戈”称为“目瑙纵歌”。喜庆时要跳“龙洞戈”，有表现盖房子的“龙洞戈”，也有反映狩猎生活的“龙洞戈”。

景颇族以大米为主食，牛、猪、鸡是其肉食来源，爱吃野菜，烹饪方式多为煮，极少煎炒。折耳根舂干巴（干巴放火灰中焐熟）、芋头煮酸腌菜、野姜（岩姜）舂干巴均是不错的佐餐菜。过去有主妇分配食物的习俗，饭和菜用芭蕉叶或冬叶包好，不论大人小孩每人一份，分完为止，待客也是如此。元代李京在《诸夷风俗》中记载的“食无器皿，以芭蕉叶籍之”描述的就是这种饮食方式。如今，用芭蕉叶包饭的绿叶宴已成为最能代表景颇族饮食文化特色的一道名宴。

（四）民族节庆

1. 彝族火把节

火把节是彝族最重要的节日，因居住区域不同，各地彝族的过节时间和节日内容稍有差异。过节时间在农历六月二十三日到二十六日之间，节庆活动二至三天。节日第一天，全村人到土主庙杀猪宰羊祭祀，同时准备好火把和松香面。第二天上山砍一根小松树，用于贴钱纸，做家庭祭祀之用。这棵树叫“迷四”，放在正房左屋山墙固定好，在树下杀鸡，把鸡血和鸡毛粘在树上祭献，称为“领生”；待鸡煮熟后再次到树下祭献，称“回熟”。尔后，献畜厩门，再到田边地头献田公地母。晚饭后，青年男女手持小火把，边走边撒松香面，从家门口撒到田地边，再一路撒到打歌场。男女老少围着大火把打歌欢庆，通宵达旦。有些地方，要把出嫁的女儿接回家过节，入夜还要在各自家门前的大火把下，铺上刚摘的南瓜叶，摆上酒肉、瓜菜和碗筷献祖，献毕全家人围着火把，席地而坐吃团圆饭。饭后，持火把撒松香面。第二天晚上，村寨之间相互对撒比赛。

火把节也是佤族、拉祜族、白族、傈僳族的传统节日。

2. 彝族下种节

下种节又名送鬼节，过节时间在农历二月底。节日活动由寨子头人组织，每户出1到3人参加。所有参加者在头人的带领下，牵着羊，抬着升斗，扛着用芦苇、竹子、彩纸扎成的花架，花架上放一截用来插香火的芭蕉树，吹着芦笙、笛子和箫，从各家各户门前走过。每到一家，主人分别抓一把已炒熟的玉米和豆子，放入升斗内，并在芭蕉树上插3炷香。队伍一直走向村外，待经过第一条河时，将香火、玉米、豆子等撒在路下面，然后在河边宰羊，煮饭煮肉一起吃，举行“送鬼”餐。这天之后，开始下种，全寨禁吹芦笙、笛子和箫，直到火把节。

3. 彝族桑沼哩节

每年农历二月十五是临沧独有的彝族俐侎人

支系一年中最为盛大的节日——“桑沼哩”节。“桑沼哩”是俐侎语，意为桑树脚下出热水，大家相约去沐浴。当日，彝家人吹响长号，俐侎阿朵（姑娘）和阿悠（小伙）身着民族服饰走上街头，跳起“大芦笙”舞蹈。节日当天，青年男女都会聚集在温泉宽衣沐浴，尔后围着篝火对歌取乐、谈情说爱、交友择偶。相传，“桑沼哩”沐浴，可以洗去晦气，来年好运不断；在此谈情说爱结婚的夫妻，能家庭和睦、白头偕老。在俐侎人的观念中，婚姻是忠诚的、纯洁的，但男人与女人之间也并非完全的相互制约，夫妻双方有着一定的情感空间和自由。节日里，男女都可以与自己的老情人约会，第二天双方就不得再见，必须等到来年方可见面。俐侎人每年的整个农历二月都为“桑沼哩”节，期间他们谈情说爱、沐浴、游玩、打猎、下河捉鱼庆祝节日，但以二月十五这天最为隆重。“桑沼哩”节又被称之为“情人节”。

4. 彝族踩花节

“踩花”的意思是找朋友，是彝族俐侎人的节日。农历正月十五、五月初二至初五、六月二十五日，永德、凤庆、云县三地的俐侎青年便在村外的固定地点聚会，他们一起嬉戏，一起娱乐，双双对对意中人并肩坐在一起，互唱情歌，互赠礼物，互吐衷情，倾诉仰慕与思念。踩花节是深受俐侎人喜爱的节日，也是青年人表达爱情的社交节日，具有广泛的群众基础。

5. 佤族拉木鼓节

木鼓被佤族视为通天的神器，佤族谚语说："生命靠水，兴旺靠木鼓。"过去，佤族凡是新建一个寨子，第一件事就是找水源定寨址，第二件事就是拉木鼓建木鼓房。在佤族村寨，每个较大的姓氏都有自己的木鼓与木鼓房，每个木鼓房都置有两个木鼓，凡有重大活动人们都要举祭木鼓。一个木鼓一般使用三、四年后便要更换一次，这样就需要经常拉木鼓进行轮换、补充。拉木鼓原本是一种祭祀仪式，随着时代变迁，逐渐演变成为了节日。

拉木鼓节在每年农历三四月间举行。在举行拉木鼓活动时，全寨的人都要参加。节前，先组织人到山里寻找适合做木鼓用的红毛树或桦桃树。待择好日子，主持人带领青壮年上山砍树，老人和妇女在家准备酒饭。砍树的人们来到选好的树前，先请召宰念咒语：“红毛树是最好的臼窝，桦桃树是最上乘的木鼓，我们让你疼痛，为了我们能够富裕；我们让你死去，为了我们不会饥饿；我们让你疼痛，你就让我们的小豆结出硕果吧。我们让你死去，你就让我们的庄稼获得丰收吧。”念毕，主持人先砍第一刀，然后众人轮流砍。树倒了，众人欢呼雀跃，鸣枪敲锣，同时派人回村寨报信。按所需木鼓尺寸砍断树干，凿出鼓耳，系上藤条。第二天早晨，全村男女老少盛装打扮上山拉木鼓，召宰高举树枝，领唱拉木鼓歌，指挥众人步调一致，人们手握粗藤使劲向前拉，还有的人在旁边呐喊助威。木鼓拉到寨门外，须先杀鸡祭祀后才能入寨。进寨后，人们鸣枪放炮、载歌载舞。然后，众人一起到主持人家里聚餐、歌舞以示庆贺，通宵达旦，十分热闹。拉木鼓所需的时间视具体情况而定，如果所选中的树木，离寨子比较近，所有的仪式也可在一天之内完成。木鼓做好，再举行安放仪式。

木鼓节来源于佤族的木鼓崇拜，节日活动主要有上山选树、砍树和拉木鼓、制作木鼓以及把木鼓送到木鼓房安放等几项内容，其中制作木鼓需要 5 天左右。整个木鼓节从开始到结束大约需要 10 天，可谓是世界上时间最长的民族节日之一。

6. 佤族新米节

新米节在每年农历的八月至九月间举行。当谷子开始成熟时，由寨子里有威望的年长者择定一个吉祥日，各家各户到田地里采少许“头谷”，采摘头谷回家时，一路上要念：“谷神谷神回家来，回家的大路宽又平；谷神谷神认好路，家有新仓等你住”等等，意为请谷魂回家。一部分头谷放在准备好的谷仓或囤箩里，一部分碾成大米。家家户户要盛一碗或一竹筒新米，上面放几个辣椒、一小坨盐巴、几毛钱，统一送到节日主持人家。主持人这一天要统一安排人杀猪、杀鸡、煮饭、做菜、滤酒、念经，全寨人一起吃一天新米饭。其间还要举行祭祀仪式，由“召毕”（巫师）把酒祷告：“本寨今日过新米节，是和平吉祥的好日子，请天神、地神、山神、谷神以及列祖列宗先尝尝今年头谷煮出的新米饭，求你们今后给寨子里的百姓赐福降禄，获得丰收。保佑众生，让我们子孙后代人人身强力壮、健康长寿。”新米节一般过三天，在这三天时间里，人们要开展丰富多彩的活动，有斗牛、摔跤、唱歌跳舞等，热闹非凡。1993 年，新米节被确定为佤族法定节日。

7. 佤族青苗节

青苗节是耿马傣族佤族自治县四排山等地佤族的传统节日。传说，在距今两百多年前，汉人用煮熟的谷种给佤族人撒种，并说如果谷种长不出苗，就砍人头来祭祀谷神。结果佤族人砍了人头祭祀，谷种也未长出苗。后来，汉人重新给了佤族生谷种，佤族不知情，为了能够让谷种顺利出苗，仍然砍了人头来祭祀，并且砍的人头是个大毛胡子，这一次谷种终于长出了苗，而且稻谷长势良好，谷粒饱满。因为有了砍头祭谷的习俗，同胞之间便开始了互相残杀，民族内耗十分严重，以至面临族群灭亡之灾。这时，佤族英雄达赛玛便勇敢提出“能否用砍牛头来代替猎人头祭谷的传统”，他的建议被采纳。通过秘密尝试用牛头祭祀谷神，结果谷物同样能茁壮生长，从此以后佤族便打破了猎人头祭谷神的传统习俗。为了纪念这一壮举，佤族群众便在每年佤历的四月初（公历五月份）举行隆重的庆祝活动。此时庄稼多已长至 2 到 3 寸高，叶片开始变青，人们择日杀鸡献鬼神，祈求庄稼长势良好，粮食丰收。按传统习惯，活动一般要举行三天。第一天是祭雷神。祭雷神时要着白衣，用白鸡，目的是为了祈求风调雨顺。佤族先民认为，银白色的闪电是雷神的化身，因而在祭雷神时要用白色的器物，以此象征神圣与纯洁，为此妇女不得参与其中。第二天是隆重的祭谷魂活动。第三天是欢快的迎青苗活动。祭祀活动各村寨有所不同，有的在节日期间还要祭祀“司岗里”，祈求祖先保佑人们的生活美满；有的寨子则要祭祀水神、龙神，祈求雨量充沛，以利于谷物生长；有些寨子还会祭祀火神，祈求气温适宜，避免发生火灾。所有祭祀活动，以祭谷魂最为重要。

2007年11月，经省人大常委会批准通过，青苗节被写入《耿马傣族佤族自治县条例》并列为全县法定节日。成为法定节日后，青苗节被赋予了许多新的形式，增加了许多的表演和娱乐内容。

8. 佤族新火节

火，在佤族心目中是神圣的，充满了神秘的力量。佤族认为进入新的一年，不能用旧火，不然的话，村寨就会发生火灾，故流传着每年都要接新火的习俗。每年农历十二月或次年的一月必须举行迎新火活动。取新火的时候，各家各户在长者的指挥下，随着铓锣声或牛角号声将自家火塘里的火，用冷水彻底浇熄，举行“送旧火”仪式。选择有代表性的一户人家，将泼熄的火柴头和火炭用笋叶包好，由德高望重的老人送出寨外埋掉，表示雷神的旧火上路回家，已与雷神达赛的火断绝关系。之后，全村男女老幼跟随长者到神山取新火种。有的村寨将神山分为公神山和母神山，如果在公神山取不到新火，可以重新到母神山取，直到取得新火种为止。有的寨子则是由德高望重的老人，按照“莫伟”教给的“钻木取火”方式获取新火种。取得新火种后要立即带回长者家中燃成大火，各家各户再将新火取回使用。最后，还要载歌载舞感谢“莫伟”神给人们带来了新火，带来了吉祥和幸福。新火节期间，全寨要集体出动挖防火水沟，修葺防火水塘，往草房顶上泼水，备好装满水的竹筒等，消除可能发生火灾的隐患。

9. 佤族贡象节

贡象节是沧源佤族自治县班老乡、班洪乡、

原南腊乡等地佤族群众以保护大象为主题的传统节日，也是世界上唯一一个与保护亚洲象有关的节日。最初的贡象活动，是到南滚河上游的巴本巴贺举行。人们在野象出没的通道放上芭蕉、带叶甘蔗、糯米粑粑等物，供野象享用。感谢野象“救助”了佤族的祖先和给佤族部落带来的兴旺；祈求大象安住长寿、子孙兴旺，保护寨子消除灾难。贡象时间在春节后的第三天。

传说，在300多年前，班老佤族的祖先达嘎原来生活的地方气候寒冷，土地贫瘠，难以生存。为了寻找美丽富饶的乐土，他率领3个儿子翻山越岭，一路艰辛跋涉，在渡过第99条河流时，突遇山洪暴发，大浪把父子4人打没在水中。就在这危急时刻，白象出现了。一头白象游过来，救起父子4人，把他们送到了对岸，他们终于找到了五谷丰登的梦想家园。达嘎的后代不断繁衍，发展为班老佤族部落。后来，在部落冲突中，班老部落出了一个逆贼桑友，他把供奉在部落里的一对象牙送给了异族。从此，大象便走出密林糟蹋庄稼，伤害百姓，以至愤然离开家园，迁徙到滚弄江下游的纳西纳干。大象离开后，班老日渐衰落。于是，首领带上供品去恭请大象回来。大象回到南滚河的巴本巴贺后，班老又日渐兴盛。人们怕大象再次离开，便年年到巴本巴贺供奉大象，长此以往，供象活动就演变成了贡象节。

现今，贡象节过节的时间与方式，都已发生了一些变迁。班老乡的过节时间为每年泼水节前后，具体日子通常由寨中老人测算。过节前，用竹篾做骨架扎公、母、儿三头大象和一只老虎，再用白毛边纸糊好，用毛笔勾画出大象的眼睛、鼻子和嘴巴等部位，另用草扎一个草人，作为盗猎者的化身。然后再做一个抬供品的“花轿”和放供品的供台。裱好的“白象”先放在“板勐”家（即头人家）。节日当天，由长老诵经礼佛后，便率全寺弟子与群众去迎请“白象”。人们将“白象”抬到小山坡的供台上，参加活动的佤族群众在“白象”前跪拜，聆听老人诵祝词。祝词主要讲述贡象节的来历和班老人与野生动物的关系，宣传保护大象的思想。并祈求大象永远留在班老繁衍生息，保护村寨风调雨顺，庄稼丰收，人丁兴旺。仪式结束后，人们便抬着“白象”和“老虎”送往班老白塔，每经过一个村寨，都要在“板勐”

家门前停下来，请佛爷诵读经文，祈求大象护佑众生。一路上，路旁的群众还会向草人抛掷石块、土块，以示对“盗猎者”的憎恨，更是教育年轻一代，不要因企图谋利而伤害野生动物。“象群”被抬到佛寺由佛爷诵经之后，再放到班老白塔旁，让白象与神同在。人们载歌载舞，共同祝福来年五谷丰登、平安健康。贡象节的意义就在于保护生态，表达的是人与自然和谐共处的生态观。

10. 中国佤族司岗里摸你黑狂欢节

沧源佤族自治县于2004年“五·一”黄金周期间，举办了第一届司岗里狂欢节，并形成该县综合性的法定民族节日。2005年的狂欢节把司岗里文化中的“摸你黑”习俗，作为节日的主题活动推出，取得了巨大的成功。节日名称也随之历经了几次变更，2008年最终确定为“中国佤族司岗里摸你黑狂欢节”。

“摸你黑”，取意于佤族民间用锅底灰、牛血、泥土等涂抹在脸上驱邪并祈福求平安的习俗。“摸你黑”的寓意是“这正是我们追求的、我们所期待的，坚持下去吧，坚持到永久永久”。节日中所使用的涂抹颜料，用具有美容功效的天然植物不死草“娘布落”配制而成，佤族的传统观念认为，神药“娘布洛”抹在脸上身上会给人带来福气，所以在活动中抹得越黑越漂亮，得到的祝福也越多。

除了“摸你黑”，狂欢节期间的活动还有祭牛魂、剽牛、摩竹取火比赛、喝水酒比赛、传统斗牛比赛、原生态舞蹈大赛、水上拔河比赛、陀螺比赛、火塘酒歌原生态风情文化展示、佤族织锦展示，新生代的摇滚展演等等。每当入夜，就在广场上点燃篝火，四方来客围着大火打歌狂欢，酒不停、歌不断、舞不歇，十分热闹。

狂欢节一经推出，便获得了社会各界的关注与好评，先后获得了云南省十大民族旅游节之一、中国十大魅力节庆活动的荣誉称号，并荣获了中国会展界最高奖“金海豚奖”和“最佳狂欢气氛奖”。佤山沧源也被人民网评选为“最具民俗文化特色旅游目的地”。司岗里狂欢节已成为提升临沧、沧源以及佤族文化知名度和影响力的一张名片。

11. 傣族泼水节

泼水节又称“桑刊节”、插花节，是傣族传

统而盛大的节日，时间在傣历6月（公历4月15日前后）。节期活动10天，正式节日3天。节前，家家做米花、炸毫崩、炸粑粑、杀猪、买肉、买酒，打扫卫生。节日期间主要活动有：采花、浴佛、滴水、堆沙。采花一般在节前数日举行。这一天，村村寨寨男女老少和佛寺僧侣敲起象脚鼓，成群结队到山上采摘野花，又排着整齐的队伍环城步行到佛寺，人人将手中采来的花枝虔诚插在搭好的沙塔上，意为赕佛祈福。浴佛，在采花结束后一天在佛寺中举行。这一天午饭过后，当佛寺敲响象脚鼓时，傣族民众便提着一桶桶撒了鲜花和香水的清水齐聚佛寺。长老佛爷带领众人祈祷，诵完经后，僧侣将佛像抬到浴佛亭中，人们虔诚地将清水倒入“贡算”的龙渠喷水器中，争先用浴佛后淌下来的水擦洗双眼和额头，预示沾了佛祖的福气，会无灾无病。浴佛结束后人们开始互相泼水，洗去身上的罪孽和邪恶，互相祝福吉祥幸福，平安健康。在采花赕佛、浴佛洗尘之后要举行庄重的滴水仪式。这一天家家户户一大早要准备丰盛的饭菜、香甜的水果点心和酥脆的毫崩，男女老幼换上节日盛装，带着供品到佛寺为已逝的亲人滴水祭献，请佛爷长老诵经祝福。堆沙，是泼水节举行的最隆重的宗教民俗活动，一般在傣历新年第一天午后进行。这一天佛寺僧侣和傣族女子将从河边取来的洁净细沙，用碗装好并插上鲜花，列队缓缓步行到佛寺中，将碗中的沙子倒入沙塔中，以示用沙子掩埋自己过去一年的罪过，祈求在新的一年里佛祖保佑，平安吉祥，五谷丰登。

泼水节也是布朗族、德昂族、佤族“本人”支系的传统节日。

12. 傣族关门节和开门节

关门节和开门节是信仰南传佛教的傣族、布朗族、德昂族、佤族“本人”支系群众的一个重要的宗教节日。每年傣历 9 月 15 日为关门节，傣历 12 月 15 日为开门节。“关门”期间，外出人员要归家，在家的人不出远门，佛寺僧侣不准在外寺留宿。每月初八、十五、二十三、三十为“宛信日”，年过 40 的人，不论男女都要到佛寺听经“纳佛”。清晨早早吃过饭便进佛寺，当天禁吃晚饭，只能吃水果。在佛寺住一晚，次日回家。3 个月中共有 13 个“宛信日”。人们在佛寺“纳佛”后，从此不再杀生。若是不“纳佛”，死后不能与老人葬在一起。关门节至开门节3个月期间，禁止谈婚论嫁，不起房盖屋。开门节这一天，家家户户要准备丰盛的食物，换上盛装，男男女女来到佛寺赕佛献经书，为已故亲人滴水，安抚亡魂，将修行期满的老人接回家中。自此，3个月的戒律约束宣告结束，青年男女又可以婚恋了。夜晚，人们敲锣打鼓，歌舞欢庆，燃放自制的火花和孔明灯，在院场四周点燃蜡烛，寄托美好的期望。

13. 拉祜族尝新节

尝新节又叫接新谷节，农历八月十五举行。传说，拉祜族的祖先扎迪、娜迪从葫芦出来后，地面上没有吃的，只能用山茅野薯充饥，天神厄萨把五谷种子给了拉祜人，并教会了他们种地；拉祜人为表达对厄萨的感激之情，每当谷物成熟的时节，就要用新米饭祭祀厄萨，久而久之，就形成了传统的“尝新节”。

尝新的节日食品全部选用新鲜食材制作，节日前一天要到田地里采收一些成熟的谷子，放在炕笆上烤干或在铁锅里炒干，然后舂细，供做粑粑和新米饭用，再摘回新鲜瓜果蔬菜，有猪牛的杀了分吃，没有的则杀鸡，烤一坛酒，准备好丰盛的食物。尝新的当天，全寨休息，并邀请亲朋好友共度，放牧在山上的牲畜也要全部赶回寨与人们一起欢度节日。过节时，先盛一碗新米饭，一碗小菜豆腐汤，一碗新鲜瓜菜，点燃香烛，敬献给厄萨天神和祖先神灵，之后再给牲畜吃节日食品，感谢它一年来对人做出的贡献。同时还要在犁头、农具上粘一点粑粑等食品，以示犒劳。上述仪式完毕后，才上酒上菜，与亲友共度佳节。席间，青年人向长辈表达感恩之情，老人们给小辈唱做人训辞及遵守族礼寨规的歌谣。晚上，举行全寨跳笙活动，人们在篝火周围踩着长鼓和芦笙的节奏翩翩起舞，共同欢度尝新节。男女青年唱情歌，抢包头，表达爱慕之情。

除了拉祜族，布朗族、苗族也过尝新节。

14. 拉祜族搭桥节

搭桥节是临沧市临翔区南美乡拉祜族群众最隆重的节日。相传很久以前，拉祜人遭受了无法抗拒的自然灾害，猪牛病死，庄稼受灾，人们只好祈求神灵保佑平安。传说是水龙保护了他们，不让河水淹没田地庄稼，拉祜人民的生产生活得到了恢复，民族又开始兴盛。为纪念水龙，拉祜族每年农历四月首个属龙之日，都要到河边修路搭桥。搭桥节这天，魔巴要准备好蜂蜡、拴桥线；竜头要准备好茶叶、叫魂线。全村的人汇集到桥头，由16个男子杀猪准备祭祀活动。杀猪前先由魔巴叫魂，拉祜人认为，猪是最凶猛的动物，有“头猪二虎”的说法，只有猪才能镇住大桥不被洪水冲走，拉祜人称之为“压桥”。用竹筒接一点猪血，拔下猪头和猪脚的毛放到血里，用来祭桥神。搭桥用的木料，多选用红毛树和桦桃树，男人们在魔巴的号令中，砍下粗壮的树木，用数十根白藤牵引，拖到河边，换掉旧桥梁，再捧河水洒向新桥，意为“洗新桥”。人们从河里捞出沙石放在新桥的两头，魔巴在沙堆上插两根木棍，拴上叫魂线，把准备好的猪血、猪毛倒在沙堆上。桥的四个角落由老人分别插上两个竹筒、两根蜂蜡、两根夹白纸条的木根和茶箩，竹筒用来装水和沙，带来的谷花、荞花洒在桥的两端。搭好桥后，由一位德高望重的拉祜老人用新鲜树枝从桥头到桥尾清扫桥面，表示迎来清吉平安。魔巴手持点燃的蜂蜡面向桥尾蹲下，众人脱帽蹲其身后，由魔巴叫魂，祈求桥神保佑人畜平安，保佑搭桥人和万物的灵魂回家。紧接着，大家相互拴上叫魂线。然后，每人用线拴一块石头在新桥上拖两圈，之后一直拖回家，意为拴了一头小猪回家饲养。拖回的石头要放在猪圈里，祈盼畜禽兴旺发达。至此，搭桥活动方告结束。

15. 布朗族祭竜

布朗族信仰南传佛教和原始宗教，他们认为鬼神无处不在，所以在生活中常常会举行各式各样的祭祀活动。在他们看来，每一种祭祀活动都可视之为特殊的节日。祭竜是其中最为隆重的一种，因为竜神是全寨的保护神，必须年年祭祀，甚至一年多祭。祭祀时间多选在傣历 8 月（公历 5 月）的属马日。布朗人把祭竜叫做“基约母习母”，把主持祭祀者叫做“塔色”或“塔昭色”。祭祀活动皆由男性参加，每户出一人。祭祀当天，参与者在昭色、翁色、翁莱的带领下，带着所有的祭品，前往竜林。祭品一般有，纯色红公鸡一只、母鸡一只、公猪（或牛）一头、蜡条八对、酒一瓶、鸡蛋两个，还有茶和米。到达竜林后，先由昭色在竜树下点燃一对腊条，对竜树三叩首祷告，说明来意。祷告毕，大家动手砍木条在竜树下搭建简易供桌。然后，杀鸡宰猪祭拜，但不能用刀，须用棍棒击其头致其死。然后煮肉煮烂饭祭献。献毕，众人共餐，昭色看鸡骨卦。吃不完的供品可带回家，但女性不能食用。布朗族的祭竜活动历史悠久，有着严格的程序和禁忌。

16. 布朗族贡母节

“贡母”在布朗语中为“佛塔”之意，贡母节是永德布朗族的传统节日。永德布朗族主要分布于永康河流域，在布朗族聚居的送归村附近有一座贡母山，山下有一座佛塔，布朗人在堆沙节后三天都会齐聚于此虔诚供奉佛塔。

节日当天，在出门之前，必须先给父母磕头，若父母已逝，则对着家堂叩拜，之后方能出门。贡母节的主祭人由头人担任，首先祭拜山神，祭祀分“生祭”和“熟祭”两道程序进行。祭拜完山神，又要前往“青龙泉”祭拜青龙。主祭物有谷米花、鲜花、纯净水、一对蜡烛。主祭人在泉边点燃蜡烛，插好鲜花，滴献净水，开始边撒谷米花边祷告。仪式完成，主祭人要带上一瓶“青龙泉”里的泉水、一对蜡烛，走进贡母塔，点燃蜡烛，敬滴泉水，行跪拜礼。接着众僧开始诵经祈福和举行相关的佛事活动。

各寨子的村民在寨头带领下，开始在贡母塔附近选址，准备竖立挂有经幡的幡杆。幡杆用龙竹制作，杆顶端挂木鱼系经幡。在插幡杆的地方，先放入几个钱币，插上鲜花，点上蜡烛，才可竖起幡杆。大家围杆而舞，跳的是具有布朗族特色的象脚鼓舞，然后是到塔下朝拜，燃起千油灯，供奉钱币和带来的供品，或围塔祈祷，或跪拜祷告。

贡母节的第一天下午，还会举行为了纪念总寨头夫人的“贡母”仪式。“贡母”仪式通常会选一位上了年纪，且德高望重的妇女作为母亲代表，接受后辈的叩首礼和敬献鲜花。

酒，在各种各样的祭祀活动中，常当作重要的祭品来用，但是，布朗族的贡母节却是严禁用酒的，整个节日活动不会出现一滴酒。关于贡母山和贡母节的来历，布朗山寨流传着许多的故事，老人们说，三天三夜都讲不完。建于公元 851 年的佛塔已毁于“文化大革命”，新塔于 2015 年建成，为了与堆沙节和土佛街错开时间，贡母节已改为每年农历 3 月 16 日至 18 日举行。

17. 德昂族贡饭包节

贡饭包节相当于汉族的 7 月半，每年农历 7 月 29 日至 30 日，人们都要到佛寺供奉逝去的亲人，这是一个专为死者举行悼念活动的节日。节日的前一天，家家户户先将准备祭献的已逝亲人姓名、性别及祭献物品呈报佛爷。佛爷会把各家报来的逝者姓名及祭品逐一写在棠扇叶上，人均一贴堆放在一起。在祭献物品中，衣服是万万不能少的，贫困人家也可用白纸裁成的衣服替代，但必须用火炭勾勒出衣服或裙子的样式。晚上，佛爷会举行一个特别的仪式，将每户祭献物品告知逝者，召唤逝者次日到佛寺领取祭品。第二天，全寨人集中到佛寺，由佛爷先念祭祀经，之后再随机抽取棠扇叶进行单个诵念祭献。每抽取一帖，其亲人都要在佛爷念完贴子后将带来的供品举过头顶进行祭拜，举献过的供品通通放到佛爷的身边，人们则双手合十继续聆听佛爷念经，等候抽到下一个已逝亲人的棠扇祭帖。此仪式结束后，棠扇叶会交到各家各户手中，由他们在佛寺周围自行焚烧，带来祭献的饭菜埋到佛寺院场西边。这一天，佛寺收到的祭品会很多，这些祭品会被分成若干份给大家带回去吃。

德昂族这种祭奠习俗，据说源于一对痛失爱子的夫妇。这对夫妇人到中年才生了个儿子，没想到孩子养到10岁时不幸夭折，虽说人死不能复生，但悲痛万分的夫妇，还是让长工将一日三餐按时送到安放孩子遗体的大房子里，从无间断。3年后的一天下午，长工在送饭的路上遭遇大雨和山洪暴涨，碰巧，释迦牟尼的3个弟子传教路过这里，长工便将手中的饭献给了佛爷。就在这天晚上，夫妇俩同时梦见儿子对他们说，走了这么长时间直到今天才吃到了家里送的饭。弄清缘由后，夫妇俩感慨万端，原来献坟不如献佛。从此，德昂族祭拜先人只进佛寺不上坟山。

18. 回族开斋节

开斋节是伊斯兰教的三大节日之一，也是回族最重要最盛大的节日，称为大开斋节、大尔德（节日），有“千里路上赶尔德”之说。据伊斯兰教有关经典的记载，伊斯兰教创立的初期，在封斋满月时，伊斯兰教的创始人穆罕默德曾率领穆斯林步行到郊外的公共旷野上，举行礼拜。穆罕默德沐浴后，身着整洁服装，并散发“菲吐尔”（开斋）钱，从此以后，穆斯林便把这一天作为节日，隆重庆祝。回历每年 9 月为斋月，斋月期间，穆斯林只许在每天日出前和日落后进餐。老弱病残、孕妇和小孩可以不用守斋（守斋亦称封斋或把斋）。在斋月里，按伊斯兰教教义要求，穆斯林要做到清心寡欲，白天戒绝饮食，即使是不守斋的，也要尽力节制自己的食欲，决不允许在公共场所吃喝。斋月的开始和结束，均以见新月为准。斋月有时 29 天，有时 30 天。经过一个月的封斋，完成了“真主”规定的“使命”，于伊斯兰教教历的 10 月初开斋，故称开斋节，主要是互相祝贺斋戒圆满。在开斋节的这一天，男女都要沐浴更衣，聚集到清真寺听吾梭讲《古兰经》《圣训》，进行一次大会礼。会礼之前，首先要举行“开斋捐”仪式，每位穆斯林捐款数额最少不能低于 10 元人民币，此项捐款主要用来帮助贫困群体。会礼结束后，集体上坟山除草扫墓，开始“游坟”活动。到了墓地，大家先集中在相对固定的空旷之处，念诵一遍《古兰经》，然后家家户户再分散进行。

通常情况下，妇女不参加“游坟”活动。节日期间，人们走亲串戚，互相赠送节日礼品。一般家庭都备有杏仁、杏干、油香、油炸果子、茶、瓜果等食品。有的人家还备有奶茶、五香茶（用茶叶、枸杞、杏仁、冰糖、杏干泡的茶）招待亲友和客人。

19. 回族古尔邦节

古尔邦节是宗教节日，在阿拉伯语中称作“尔德古尔邦”，也称“尔德艾祖哈”。“尔德”的意思是节日，“古尔邦”和“艾祖哈”都含有“宰牲、献牲”之意。因此通常把这一节日的名称译为“宰牲节”，即宰牲献祭的节日。时间定在伊斯兰教历的12月10日。过节前，家家户户都把房舍打扫得干干净净，用心精制节日糕点。节日清晨，穆斯林要沐浴馨香，严整衣冠，到清真寺去参加会礼。节日里除了炸油香、摆馓子外，有条件的穆斯林还要宰牲献祭。按规定一人宰一只羊，七人宰一头牛或一峰骆驼。而且要挑选健壮和体形美观的牛羊充当牺牲品。宰杀的牛羊肉和食品分成三份，一份自己食用；一份送亲友邻居，招待客人；一份散乜贴济贫。古尔邦节充分展现了回族穆斯林之间的团结、互助和友爱。

20. 回族圣纪节

圣纪节，亦称圣忌节，阿拉伯语称“冒路德”节。相传，穆罕默德的诞辰和逝世都在伊斯兰教历3月12日，穆斯林为纪念先知穆罕默德，遂在他诞辰和逝世的这天举行宗教集会，后逐渐演变为伊斯兰三大宗教节日之一。节日活动通常由当地清真寺伊玛目主持。届时，穆斯林沐浴、更衣，穿戴整齐，到清真寺礼拜，听阿訇念诵《古兰经》，讲述伊斯兰历史和穆罕默德的丰功伟绩。其筹办程序是：先由清真寺主持阿訇在节前数日向教民讲述节日的重要性和节庆需要做的准备工作；之后，穆斯林自愿捐赠面粉、食油、牛羊肉和钱物，并指定若干志愿者具体负责采购、备料、炸油香、煮肉、烹调菜肴等。穆斯林通常把过圣纪视为神圣之举，因而这一天的劳动也被看成是行善和做好事，因此，参加者都很积极踊跃。第二天，来自四面八方的穆斯林齐聚当地最大的清真寺做讨白（忏悔）。纪念仪式结束后，开始聚餐。经济条件较好的地方以桌菜为主，规模可达几十桌，上百桌；经济条件差的地方吃份儿饭，俗称“碗儿菜”，即每人一份，分餐制。对于那些节前出了“乜贴”（馈赠）、捐了东西而没有进餐的人，清真寺一般会托其亲友邻居带去一份“油香”品尝。

21. 景颇族目瑙纵歌

目瑙纵歌是景颇族最盛大、最隆重的民族节日，每年的正月十五过节。“目瑙纵歌”就是大家一齐来唱歌跳舞的意思，它是为祭祀景颇族的太阳神而举行的最隆重的祭祀活动，同时也是景颇族的传统节日。目瑙纵歌一个重要的标志就是目瑙示栋，它是为纪念景颇族祖先宁贯娃首创“目瑙纵歌”而设立的祭坛。示栋竖立在目瑙纵歌舞场中央，是景颇族群众心中最神圣、最崇敬的图腾。节日当天，所有的人相聚在一起纵情歌舞。歌舞的开始极其讲究，没有瑙双的领舞是不能开场的。瑙双由 4 名巫师担任，他们头戴由缀有野猪獠牙和插有孔雀羽毛（或者雉鸡羽毛）的犀鸟头做成的鸟冠，身穿红绿绸缎龙袍，身披银泡，手执长刀。瑙双排成两列，前面二人称为武双，后面二人称为文双。目瑙纵歌开场前，先由瑙双、瑙巴（相当于助理）、祭司和助手组成的祭祀舞队带领参加跳舞的人在激昂的鼓声和锣声中，踩着同一节拍入场。舞阵排成两列纵队，瑙双手持长刀引舞领路，后面的舞者男人手握长刀，女人手拿扇子或者手绢，按照瑙双带领的各种路线围绕目瑙示栋踩着同一鼓点跳舞。“目瑙纵歌”集中表现了景颇族的宗教信仰、道德观念和文化艺术特点。

（五）传统民居

1. 彝族土俚人民居

土俚人的住房以土木建筑为主，通常由正房、耳房、面楼三部分组成。正房为两层楼房，在上层高于楼面约 80 公分处向正前方抽出一个厦子，与房顶共同组成了两面坡出水结构。厦子可用来晾晒较轻物品，厦子下是底层的栏阴台（功能如阳台），当地人称厦子房或抽厦房，厦子两边的山墙上设有翘角，类似徽派建筑中的马头墙。底层往往分隔成三个房间，正中为客厅，左右为卧室。彝族贵左，长辈住左边，房里设火塘。火塘左右两边放置床，左方为上床，右方为下床，上床归男主，下床归女主，土俚人称之为火笼床。客厅设供桌，放有香炉、祭品等物。梁架、门、窗雕刻龙和串枝莲花等精美图案作装饰，墙面多绘山水、梅、兰、竹、菊、鱼、鸟等写实或写意图案，透着一股浓浓的文化气息。耳房作厨房和餐厅用，面楼下层关家畜，上层作为子女卧室或储藏室。正房与面楼之间的院场，平时用来晾晒粮食，婚丧嫁娶时便用作宴客和打歌的活动场地。土俚人的民居建筑受内地文化影响较深，在外来文化与本民族文化的碰撞中，吸纳了诸多外来文化的特点，最终形成了自己的建筑风格。

2. 佤族干栏式住房

干栏式住房是用茅草片覆顶、竹木作框架结构的楼房，房子一般建成上下两层，屋脊两端常用刻有图案的博风板、竹制或木制的燕尾及牛角作装饰。佤族认为，博风板有辟邪的作用，不只是用来装饰。上层是集主人生活起居、会客议事为一体的多功能区，分主间和客间，设有主火塘和鬼火塘，主火塘为永不熄灭的火塘，终年烟火缭绕。火塘上方吊一竹笆，用来烘晾谷物及食物。屋顶一侧开天窗，设置窗盖，用竹杆撑开窗子便可采光。门外延伸部分为晒台，采回的茶叶和收回的庄稼多在此晾晒，女人们也常在此纺线织布和簸米。下层关家畜和堆放劳动工具。

3. 佤族鸡罩笼房

鸡罩笼房因外形似鸡笼而得名，草片铺就的屋顶如同巨大的椭圆形锥体向下覆盖笼罩。因其为四面出水的建筑样式，远观又似一把撑开的雨伞立于土地之上。这种房子的建造比干栏式略微简单，材料也是选用竹、木、茅草，但房子的使用寿命并不长，住上三至五年便得重新建盖。鸡罩笼房分为落地式和干栏式两种。

鸡罩笼房也是布朗族的传统民居，布朗语称为“找嘎涞”，传说是仿孔明帽建造而成。他们把中柱视为“神柱”，竖柱时要用红布拴在柱顶，祈望今后的日子红红火火。

4. 傣族干栏式住房

干栏式竹楼是傣德支系的传统民居，他们多居耿马孟定，生活区域为南汀河畔，低热河谷气候特征突出。

竹楼采用木头做柱子、横梁、楼筋；用竹子做檩、椽、墙面、楼板；用穿斗形式构成屋架，房顶用茅草片覆盖。房子分上下两层，上层作为生活起居之用，门向东开，门外设晒台，作为晾晒东西、休息纳凉和梳洗之地，晒台外侧设楼梯。门内分为卧室和客厅两大区域，用竹笆墙隔开，客厅兼具厨房功能。客厅一侧的竹笆墙下设有火塘，供做饭和烤火，客人到访，通常是围着火塘而坐。右边墙角摆放神龛。下层敞开，放置生产工具或纺织用具，以及供家畜家禽栖身。傣族村寨，非常洁净，家家户户植花种草，座座竹楼掩映于绿树丛中。若有一声软语招呼您上楼，您可得注意了，脱鞋进屋是对主人的尊重。

5. 拉祜族的木掌楼

拉祜族的木掌楼需在一天之内建好入住，否则，不吉利。建筑用材以竹和木为主，房顶用茅草铺就。

木掌楼为干栏式建筑，上楼即为一个小小的平台，或方或长，供女人纺织、男人编篾用。穿过平台方能入门，进门第一间屋用来舂米、磨面、置放生产工具。第二间为厨房和卧室，中间设火塘，火塘上方的竹笆用来摆放需要烘干的农作物和食物，门对面的墙角放置炊具，右上角设供桌，每当搭桥节、祭芭蕉节、尝新米节都要在此摆放供品举祭。楼下用来关家禽家畜，或摆放大型生产工具。

6. 德昂族干栏式住房

德昂族的干栏式住房，与其他民族的大同小异。建筑材料也都是采用竹、木、茅草，楼分上下两层。其不一样的地方在于，楼上两端各开了一道门，门外各搭建了一个晒台与楼相接，相接处搭楼梯。前门供客人进出，后门为青年谈恋爱所用。竹楼正中为通道，两侧用竹片隔成若干格斗（即小屋），或作卧室或作储藏室。靠前门为家长主卧，兼作客厅，内置火塘，专门用来烤火烧水用；主妇卧室也设有火塘，主要用来煮饭；再往里为孩子们的卧室。楼下关家畜或堆放杂物。由于信仰南传佛教，进新房后，要请佛爷念一次清洁平安经，并挂上竹制的“染几曼”，纸做的“龙帽”“亚”等，用以避邪。

传说，德昂族住的房子是仿照诸葛亮的帽子所建，至今依然有与之相关的故事流传于民间。诸葛亮南征时，在德昂族山寨遇到了一个漂亮的德昂姑娘，在与姑娘相处的日子里，诸葛亮不时被姑娘的聪明才智所折服，慢慢萌生了感情，并与德昂姑娘结了婚。战事平定后，诸葛亮带着妻子回去了，临走时，诸葛亮送给岳父一顶毡帽作为纪念。想女儿时，老人便常常拿出毡帽看，时间长了，帽子也慢慢变旧变烂了。为解思女之苦，老人便按照帽子样式在自己住的山洞旁建了一幢带晒台的竹子阁楼，“竹阁”意为诸葛，“晒台”在德昂语中称为“格拉”，意为亮。传说，这就是德昂族干栏建筑的肇始。另一个版本则说诸葛亮率兵打仗途经德昂寨子，当看到德昂族破破烂烂的房子时，便脱下帽子让士兵们仿照自己的帽子为德昂族建造房子。因而，这种房子又被称为“诸葛亮帽”。

五、自然与人文景观

（一）自然景观

1. 奔腾不息的澜沧江

澜沧江犹如一条巨龙，从青海高原唐古拉山脉向东南奔腾而下，一路汇集了众多支流，经青海、西藏和云南三省，于西双版纳傣族自治州流出中国国境，出境后称湄公河。澜沧江－湄公河，为世界第七长河，亚洲第三长河，东南亚第一长河，被誉为“东方多瑙河”。

澜沧江在临沧的流经路径为，由保山市昌宁县流入凤庆县，由北向东南穿过凤庆县北部后，经云县、临沧和双江进入普洱市，境内流程282公里，国家规划开发的漫湾、大朝山、小湾百万千瓦级以上的大电站均在境内。澜沧江水系在临沧境内流径面积为1.24万平方公里，占全市总面积的52.3%，径流总量83.82亿立方米。地下水 2555 亿立方米。境内属澜沧江水系的河流主要有罗闸河、小黑江。

澜沧江经过临沧的流程，均在 1000–3000 米的中高山区，中游落差大，在两岸形成了高峡出平湖、生物资源垂直分布、青山绿水相辉映的自然景观。较著名的景点有漫湾百里长湖、平掌湖湾等。澜沧江又是临沧民族文化的摇篮，11 种世居少数民族，大多生活在澜沧江水系之内，他们与山相依，与水相融，创造出了多姿多彩的民族文化。市内的古文化遗址、远古人类文明大多在澜沧江流域，较著名的有沧源农克硝洞、镇康淌河洞旧石器遗址和云县忙怀、云县忙亚、双江忙糯、耿马石佛洞新石器遗址，以及远古人类绘画云南沧源崖画等。全市除了镇康县以外，其余 7 县（区）或多或少都可以纳入澜沧江水系流域，澜沧江养育了江畔一代又一代的子民。

2. 蜿蜒挺进的怒江

怒江发源于青藏高原的唐古拉山南麓，它由青藏高原而下斜穿西藏东部，进入云南省后掉头向南而去，流入缅甸后称为萨尔温江，最后注入印度洋。从河源至入海口全长 3240 公里，是中国西南地区的大河流之一。

怒江自北而南从永德县小勐统镇鸭塘村注入临沧境内，经过班老村后，顺势涌向镇康县勐捧镇的丫口村，途经忙耿、蒿子坝后，从酸格林的“大隔界”出境进入缅甸，全程39.5公里。主要流经区域为永德、镇康县境西北侧，呈东北向西南流向。怒江水系境内流域面积1.13万平方公里，占临沧总面积的47.7%，平均坡度1.97%，径流量92.93亿立方米。其中，地下水29.33亿立方米。境内属怒江水系的河流主要有南汀河、南捧河、永康河等。怒江横贯地带群山逶迤，河谷纵横，危崖耸立，峡深坡陡水急，沿岸生活着众多的民族，构成了别样的风情和景观。

3. 南滚河国家级自然保护区

南滚河自然保护区是我国热带珍稀植物资源最为富集的地方，1980年建立保护区，1994年12月经国务院批准为国家级自然

南滚河国家级自然保护区

保护区，是我国除西双版纳以外，有亚洲象和印支虎的第二个自然保护区，是白掌长臂猿的唯一分布区。

南滚河自然保护区位于沧源佤族自治县、耿马傣族佤族自治县两县的班洪、班老、勐角、孟定等11个乡镇境内，边邻缅甸，部分动物常出入国境，有利于国际间物种交流，具有南亚动物区系特色。保护区总面积508.87平方公里，海拔在2605米至520米之间，为中山深切割的地形地貌，主要保护对象为亚洲象及其热带雨林生态系统。

保护区内的植被按原生与次生类型可分为12个植物群落，有蕨类和种子植物1561种，隶属207科，药用植物有380种，重点保护的濒危植物有36种，一级保护植物有刺桫椤，二级保护植物有云南石梓、铁力木、四数木、三棱栎、董棕；动物有45目、201科和亚科、681种和亚种。属于国家一、二级保护动物有59种。其中，一级保护动物有亚洲象、孟加拉虎、白掌长臂猿、黑长臂猿、云豹、金钱豹、熊狸、鼷鹿、蜂猴、熊猴、豚尾猴、灰叶猴、绿孔雀、巨蜥共14种。二级保护动物有猕猴、短尾猴、穿山甲、豺、斑灵狸、丛林猫、巨松鼠、白腹锦鸡、双角犀鸟、水鹿、山皇鸠、眼镜蛇、虎纹蛙等45种。

传说，保护区曾有“白象”出入，还救过班老佤族的祖先,沿袭至今的贡象节,供的就是白象。由于拥有独特的地理位置和气候条件，南滚河自然保护区是各种动植物繁衍生息的天堂，也是珍稀濒危物种的避难所。

4. 永德大雪山国家级自然保护区

永德大雪山自然保护区位于永德县东部，地处怒江和澜沧江两大水系的分水岭地带，属怒江支系碧罗雪山的支脉，其主峰为临沧境内最高山脉。海拔在3504米至960米之间，相对高差2544米，总面积153平方公里。受高海拔，低纬度的影响，有寒温、温、亚热三带，连续积雪时间达半年，植被垂直分布典型多样，生物多样性十分丰富，

永德大雪山自然保护区万丈岩瀑布

有许多动植物种类为具有世界意义的关键物种，其重点保护对象是南亚热带常绿阔叶林垂直分布景观及其野生动植物种。

保护区共有维管束植物195科1639种，其中，云南红豆杉、长蕊木兰为国家一级保护植物，金毛狗、桫椤、水青树、干果榄仁及异颖草为国家二级保护植物。主要兽类有60余中，鸟类有30余种，还有爬行动物多种。按类别划分，列入国家一级重点保护的动物分别是，哺乳类的蜂猴、豚尾猴、熊猴、灰叶猴、黑冠长臂猿、马来熊、云豹、豹、虎、豚鹿10种；鸟类有黑颈长尾雉，绿孔雀两种；两栖爬行类有蟒蛇、巨蜥两种，鱼类有怒－澜亚区特有种9种和新种4种。为本地区的物种基因库，也是永德县的水源涵养区。

大雪山保护区箐深林密，崖陡壁峭，层峰突起，流泉跌宕，洞穴幽闭，形成了雪山河、老君殿、黑尖山、仙人洞、黄草坝、主峰石、杜鹃林、鼓墩山、蜜蜂村、万丈岩瀑布、搭险石等自然景观。远望，林海茫茫，云雾开合处气象万千，变幻莫测；近看，山花浪漫，堆绿叠翠处鸟儿浮掠，风光独秀。山顶虽有白雪覆盖，山中时序井然，木兰该开便开，杜鹃当红则红。景随四时而变，色随冬春而换，每一季都有令人惊奇的美丽，这一切主要得益于保护区植被的纷繁和物种的丰富，以及气候的多样。大雪山保护区是珍稀濒危野生动植物种类繁多和单位面积上野生动物分布密度最大的保护区之一，是中国具有世界意义的生物多样性保护关键地区之一。保护区于 1986 年 3 月经云南省人民政府批准为省级自然保护区，2006 年 2 月晋升为国家级自然保护区。

5. 五老山国家级森林公园

五老山国家森林公园距离临翔区城郊 25 公里，其风光在历史上曾为缅宁十景之一，传说因为酷似五位仙人坐而论道得名。

民间盛传，在远古时期的一个夏天，天上五位温神到南方游玩，经过缅宁时，见此地山河秀丽，景色旖旎，便来到南汀河洗澡，不料却将温疫传遍了村村寨寨，百姓数以百计死去。不得已，这里的山神、河神、土地神只好上天告御状，路遇赤松大仙，赤松子一查，得知是五个温神犯下的罪过，便奏请文帝捉拿五温神。赤松子派出手下的五位神仙下凡，在山中采药救治百姓。五位神仙眷恋此山，便一直留了下来。百姓感激五老救命之恩，常到此山祭祀，五老山的称谓便一直传了下来。

五老山主峰海拔2583米，年平均气温17.2℃，年降雨量1164毫米，相对湿度72%。园区内动植物种类繁多，有国家一级保护植物桫椤，重点保护植物水青树、野茶树、青果树等10余种；栖息着多种珍稀动物，有猴面鹰、太阳鸟、白腹锦鸡、红嘴相思鸟、猕猴、黑眉锦蛇等；野生花卉有云南山茶、杜鹃、兰花；野生药材有杜仲、厚朴、黄芩、龙胆草、雪山一枝篙等百余种。五老山森林公园也被誉为动植物繁衍栖息的自由王国。

五老山森林公园以雄、险、奇、秀、幽等特点著称，主要景点有五老飞瀑、情人谷、鹿恋湖、金竹林大叠水、五峰亭等。景区内嶙峋山石与藤萝古木相携，湖光山色与野花飞鸟相映，银练坠瀑与叠嶂青峰相衬，景色随时光的交替而更迭，是极佳的旅游观光胜地。

6. 峡谷里的董棕林

董棕为国家二级重点保护野生植物，因其树形优美，单干笔直，是热带、亚热带极具观赏价值的树种。在沧源20公里长的勐来峡谷两岸分布着成片的董棕林，其中又以崖画谷最为集中，因其多生长在峭壁岩缝和斜坡之中，参差披拂的董棕与刀削般的悬崖峭壁自然而然形成了峡谷里的绝色景观。在烟雨天气，崖壁留白处被雨水一浸，便呈现出深浅不一的墨色，崖间则有云雾飘缈，复聚复散，恰似一幅国画在眼前展开，自有一种婉约秀丽之美迎面扑来，所以这一带又被形象地称为“千米国画长廊”。

成年董棕高大挺拔，树干粗壮，树高可达20余米，树冠如伞，青翠碧绿，冠顶包叶宛若利剑出鞘，直指苍穹。巨大的棕叶为羽状全裂长叶，小叶如鱼鳍形。董棕多呈偶数分布生长，若有一棵枯萎，另一棵也将随之而亡。基于这种奇异的

沧源勐来董棕林

生长特性，人们赋予了董棕许多的爱情故事，其中有一个故事是这样讲述的：在一个炎热的夏日午后，一群仙女来到勐董河洗澡，因贪恋这里的景色，忘了返回，太阳落山后，一群收工回家的阿佤小伙见到这些无家可归的姑娘，被姑娘们的美丽所吸引，也忘了回家，他们双双对对在林中生活了7天7夜，后来全部化为董棕永远站在了这里。所以，董棕也被当地人视为情侣之树，人们从不砍伐。据说，在董棕林里谈情说爱幽会过的恋人，都会幸福美满直到白头。

7. 天坑——大地的陷落

到沧源旅游，除了要到最后的原始部落翁丁感受佤族的风土人情，到崖画谷风景区看一看佤族先民在崖壁上留下来的3500多年前的古文明，还应该到崖画谷风景区的半山腰探一探天坑，这样的行程方不留遗憾。

沧源天坑

天坑的学名叫喀斯特漏斗，是大自然巧夺天工的杰作。当地佤族则把天坑称为“格罗西姆温”，意思是星星陨落之后造成的坑。他们认为，这是远古时候星星掉落到地球上砸出的大坑，在民间还流传着分食星星肉从而产生了各个家族姓氏的故事。

阿佤山的天坑有多少？目前，谁也说不清楚。现已发现的天坑群主要分布在沧源佤族自治县糯良乡班考村北部海拔 1300 米上下的地带。由于此区域属于喀斯特地貌熔岩山地，是极易形成天坑的地质结构，所以这里散落着 7 个大小不同、蔚为壮观的天坑，坑与坑之间的距离在 300 米至 1500 米之间。其中最大的天坑直径 200 米、深 235 米、周长 720 米，被誉为云南第一坑。其余六个，就分布在主坑周围，构成了雄奇壮观的天坑群。站在主坑边俯瞰，坑壁如刃立，坑底被参天古木所覆盖，植被郁郁葱葱，奇花异草遍布，有史前恐龙最爱的食物桫椤，还有佤族神药不死草“娘布洛”，就连绝壁上也爬满了植被。据当地佤族老人说，坑里面也有不少动物生息繁衍。因为很少有人能下到坑底，天坑自然而然形成了与世隔绝的动植物小王国。

8. 旷野上的土佛

土佛即土林，土林为流水侵蚀地貌，是由土状堆积物塑造而成的成群柱状地形，因远望如林而得名。在永德县永康镇忙况村的忙令河西北，有一片土林静静立于旷野之上，当地人把这片土林称为“土佛”。土佛高矮不一，柱身有环状纹层层叠加，矮者约 10 多米，高者可达 40 余米，或是三五成簇聚而相拥，或是孤峰独处孑然自立。200 余座土佛分布在 0.15 平方公里的范围内，尤为雄奇壮观，隐隐透着惊心动魄的美。土佛之间有郁郁葱葱的栎树、松树、大叶榕、攀枝花、灌木丛随日月生长，土佛顶上也会有野草鲜花随四季荣枯，无形中为土佛添了一抹仙气、增了一份灵气。

民间视土佛为神灵，每年正月十五和三月十五，周边各族群众便会带上香烛纸火到此朝拜聚会，他们称其为赶“土佛会”或

永德土佛

“土佛街”。盛会兴起于何时已无从考证，其渊源倒是可从口耳相传的民间故事中窥见些许。一说是诸葛亮南征到此安营扎寨，哨兵劳累长睡不醒化成土佛。另一说是仙女下凡帮助百姓降妖除魔、发展生产，让百姓过上了丰衣足食的好日子。不料，仙女们延误了返回天界的时间，玉皇大帝一怒之下，把他们变成土林留在了人间。当地百姓感恩仙女，就把这片土林尊为佛来供奉，朝拜习俗便一直沿袭至今。知道了这两个故事，再观土佛，果然是如群仙翘首凝望蓝天，又似军队列阵等待出征，就好像一帧古画停留在了旧光景里，任由红尘里的善男信女来来往往。

除了忙况土佛，在永康镇送吐村后山的斋公寺北侧还有一片土佛，大约在一公里长的山洼里，有 100 多座土佛林立，大多有 20 余米高，生态与忙况土佛相似。过去，永德境内有“永德三景致，土佛弯桥石洞寺”之说，土佛一度被誉为三景之冠。

9. 深山古茶林

临沧是滇茶的发源中心，也是南茶马古道的重要发祥地之一。明清时期，这里就以生产质量上佳的普洱茶而名扬天下。

目前，全世界共发现茶属植物四十余种，云南有33种之多。在云南野生茶树群落大植物圈里，古茶树群落较为集中在西双版纳、思茅、临沧地区。近几年，经茶叶研究专家考察，发现在澜沧江流域的很多地方分布着许多野生古茶树。

双江自治县，一个北回归线穿过的民族地方，一个太阳华丽转身的地方，以其得天独厚的地理环境和气候资源为茶树的生长提供了理想的条件，成为勐库大叶种茶的原生地。在双江勐库镇，有一座海拔为3233.5米的大雪山，山上长年云雾飘缈，人迹罕至。山顶，每到深冬季节终日积雪，山腰原始丛林遮天蔽日，这是一座保留了较好植被的大山。1997年，当地村民偶然发现了原始森林中生长着连片的古茶树，勐库万亩古茶树的神秘面纱就此被揭开。这些古茶树主要分布于大雪山中上部，海

野生古茶林

拔在 2250 米至 2720 米之间。后来经过国家、省、市、县的专家多次考察后认定：位于双江自治县勐库镇的原始野生古茶树，占地 1.2 万多亩，约有 8 万多株原生茶树，距今 2500 多年历史，是迄今为止发现的世界上海拔最高、面积最广、密度最大、树龄最长、原始植被保存最完整的野生古茶树群落。古茶林里最大的一棵古茶树，树基干围粗 3.25 米，树高 15 米，树龄为 2700 多年，被命名为“一号茶树王”。勐库野生古茶树群落的发现，对进一步论证茶种原产于我国云南以及研究茶树的起源、演变、分类等具有极重要的科研价值。勐库古茶园被认定为“世界古茶原乡第一标志地”“中国国土古茶树种质基因宝库”以及“中国重要农业文化遗产”。

在这深山老林里，为何会有这么一片生长了数千年的古茶树群落呢？它们远离尘世，独处一隅，秉承自然之灵性，与山川河流同在，与丽日烟雨相伴，每一片叶子仿佛都散发着岁月的醇香。但它们却无法诉说自己的身世。当地传说，诸葛亮南征，路过此地时已日暮西山，他决定在山上驻扎一夜。诸葛亮要求大家睡时头向东方，这样可借用法力一夜走出这原始森林，遗憾的是，号令尚未传到队尾，将士们已东倒西歪睡着了。诸葛亮见状，知道无法将所有人带回家，临行前采下一把树叶撒在山上，留给睡下的将士们赖以为生。从此，大雪山便长出了这片茶树。这个故事，在澜沧江流域的许多老茶山都有流传，纯朴的百姓出于对诸葛亮的热爱，把他当作了茶祖。

（二）人文景观

1. 石佛洞遗址

该遗址位于佤族聚集地耿马县城南四十公里的小黑江边的悬崖石壁上，因洞口有一尊石佛而得名。石佛洞的人类遗址面积约 3000 平方米，文化堆积层厚 3 米。1983 年 4 月进行试掘，发现建筑遗存，以碎石作垫，铺以石板，有排列整齐的方、圆形柱洞痕迹及大堆灰烬数处。出土物有陶器、碳化稻谷、

石佛洞

砍砸器、石斧、石针、河蚌壳、兽骨等。其中一枚石制六角中空的无名器物，属国内独有，实为罕见。2003年6月，由云南省文物考古研究所和中国社会科学院考古研究所带队，成都市考古所、临沧市文物管理所、县文化局组成的发掘队共同进行了联合发掘。此次大规模发掘，从10个不同年代的文化堆积层中发掘出石器、陶器、骨器三大类，分别有石斧、石环、石锛、球型石、陶釜、陶环、鱼钩、骨匕等。考古专家根据出土的器物型类推断，这里是人类在3000多年前生产生活遗留下的文化遗迹，当时中原地区进入了商、周朝时代，人类社会已从新石器进入到青铜器时代，而石佛洞地区则进入到新石器文化的极高阶段，这也反映了早在3000多年前，中华民族早期先民的一支在云南澜沧江流域创造了较为先进的石器文化。

石佛洞遗址是云南省规模最大的新石器文化洞穴遗址，1982年，被耿马傣族佤族自治县人民政府公布为县级文物保护单位，1987年被云南省人民政府列为省级重点文物保护单位，1996年被国务院列为国家级重点文物保护单位。

2. **南碧桥新石器遗址**

该遗址位于佤族聚集地耿马自治县贺派乡挡帕河半坡上，距南碧桥200米，洞高于南碧河水面30米，高于海孟公路20米。洞内有两层黄土、石块、灰土混合的堆积层，内有大量陶片、木炭屑和碳化谷物等。出土文物共11件，分打制与磨制两种，其中砍伐器3件，石斧3件，石锛4件，磨石1件。陶片900余片，全部为夹砂陶，纹饰丰富，器形简单，为斧、罐、钵等。陶支架3件、木炭屑10余块、碳化谷物两块以及少许河蚌壳、食草类动物骨骼。南碧桥洞穴文化特征接近我国华南沿海新石器时代早期文化，与沧源崖画、小芒关崖画和石佛洞遗址均为同一时期佤族先民留下的遗迹。

1987年被云南省人民政府列为省级重点文物保护单位，1996年被国务院列为国家级重点文物保护单位。

3. **云南沧源崖画**

沧源佤族自治县，境内群山连绵，河谷相间，植被茂密，气候宜人，资源丰富，民风民情古朴浓郁。在绿色海洋中的断崖峭壁上，偶尔会有一些赭红色的神秘身影时隐时现，当你真正面对它时，一股摄人心魄的力量，仿若跨越了时间的长河，深深地震撼着你的心灵，它就是闻名海内外的云南沧源崖画。

云南沧源崖画是我国目前所发现的最古老的崖画之一，被誉为云南远古时期绘画艺术的杰作。据专家考证，沧源崖画产生于3000多年前的新石器时代晚期，系当地佤族先民所作，绘画用的原料是赤铁矿粉和动物血，它使得崖画在历经3000多年的岁月洗礼后，至今仍鲜艳夺目。

沧源崖画

从1965年首次发现崖画至今，人们先后在东西长约20公里，海拔1500米左右的崖壁上发现了17个崖画点。小的崖画点由几个零散的图形组成，大的点图形则数以百计，这些图形展现着不同的主题，内容涉及狩猎、放牧、采集、舞蹈、战争、迁徙、宗教祭祀、村落、自然景观等等。

画面构图简练，古朴自然，粗犷奔放，人物和动物形象千姿百态，造型生动，栩栩如生。沧源崖画是一幅原始生活的百态图，它真实生动地再现了佤族先民在原始氏族社会期间的劳动、文化和社会生活的各种场面，集中展现了佤族先民的智慧和高超的绘画技巧。

沧源崖画的另一神奇之处是它会随着日照时间、天气阴晴、干湿冷暖的变化而不断地变幻色彩，当地人则说它是“一日三变”，早红午淡晚变紫。在沧源佤山，还有许多崖画的故事流传，它是佤族先民追求幸福生活的标志和誓言。如今，在国家的大力扶持下，昔日原始落后的佤山已插上了腾飞的翅膀，阿佤人一跨千年，乘着发展的春风，沐浴着温暖的阳光，道路越走越宽广，3000 年的期待，幸福生活一朝将变成现实。

1982 年，沧源佤族自治县人民政府公布云南沧源崖画为县级文物保护单位，1983 年，云南省人民政府公布为省级文物保护单位，2001 年，国务院公布为全国重点文物保护单位。

“北有贺兰岩画，南有沧源崖画”，沧源崖画已经成为云南民族文化的名片之一。

4. 永康红岩崖画

该崖画位于永德县永康红岩村南约 0.5 千米的红岩山崖而得名，地处勐底坝东南山区，海拔约 1400 米，崖壁高约 30 米，宽约 100 米，崖画绘于洞外东侧崖面，崖画距地面高 2 ~ 3 米，最高处约 7 米，崖画为红色，因崖面粗糙不平和损坏严重，较多图形已难辨认，可辩者计有人物、动物、重圆、手印和框形图形共 50 余个，内容题材与生殖或山洞崇拜有关，绘画风格与送吐崖画不同，而与沧源崖画相近，其年代也应与之相当，即新石器时代晚期遗存，距今约 3000 年。

1995 年 7 月，该两处崖画被永德县人民政府公布为县级文物保护单位，1995 年 10 月，被临沧地区行政公署公布为临沧地区文物保护单位。

5. 广允佛寺

沧源广允佛寺

位于沧源佤族自治县勐董镇勐董社区居委会以北的往娥自然村

内。广允缅寺俗称学堂缅寺，为南传佛教建筑寺院。建于清道光年间，约 18 世纪末 19 世纪初。

该佛寺经 1986 年、1990、1997、2006 年多次维修，目前保留完整。寺院占地面积 2200 平方米，由主殿、南北大门、僧舍、陈列室等构成。主殿由一围栏式歇山顶三重檐殿堂与四方形五重檐厅阁组合而成，厅阁为重檐歇山顶，殿堂门窗作透雕装饰，梁房门柱遍饰傣族传统工艺的“金水”图案，过厅左右二柱上两条木雕巨龙盘旋而下，造型生动，气势非凡。殿堂风格较多受汉式建筑的影响，同时又保留了南传佛教寺院建筑的基本形式，是汉式建筑外形与白族、傣族寺院内部装饰的有机结合体，在建筑艺术上独具一格。

1982 年，沧源佤族自治县人民政府公布广允缅寺为县级文物保护单位，1987 年，云南省人民政府公布为省级文物保护单位，1988 年，国务院公布为全国重点文物保护单位。

6. 青龙桥

长期以来，汹涌的澜沧江是阻隔临沧与外界交往的天然屏障。为此，在澜沧江上架起使“天堑变通途”的大桥，是澜沧江两岸人民的强烈愿望。

这一愿望，终于在清朝时期实现了，这就是青龙桥的修建。

青龙桥位于凤庆县城东北约 50 公里，地处鲁史古镇和小湾镇正义村相交的澜沧江上。始建于乾隆二十六年（1761 年）。修建时，在两岸绝壁凿牛鼻洞，以 16 股铁链往返穿于洞中，洞下支砌桥墩托平 14 股铁链，横铺木板于其上，中间再纵铺木板为走道，上悬左右两股铁链，用 32 根铁杆兜住桥面 14 股铁链，使桥面保持平衡，两侧安有木栏杆，保证行人来往安全。两岸桥头盖有青瓦白墙、飞檐翘角形态壮观的楼房，既可以供守护者住宿，又可以供过往行人凭栏远眺澜沧江风光。设有大门，暮关晨开，自成一夫当关、万夫莫入的天然关隘。全桥长 93.52 米，宽 3 米，离水面高 15.64 米。设计精美，工艺高超，结构牢固，在当时桥梁建设上，堪称一流。它

青龙桥

的修建，成为滇西南连接内地的重要通道，是云南省境内澜沧江上三座古桥之一。

岁月流逝、风雨飘摇，加上战乱频繁，青龙桥历遭劫难十次。中华人民共和国建国之后，人民政府多次拨款修复加固。从此，青龙桥正常地为澜沧江两岸人民相互交往、相互交流提供了方便，为地方经济建设发挥了应有的作用。

青龙桥气势宏伟、风光秀丽，引得无数文人或雕刻诗词于石壁，或书写对联悬挂于楼门，其中毕映宵的“报罢南闱十一秋，苏秦已敝黑貂裘。题桥漫自追司马，气阻长江水不流”是世人传诵的名句。青龙桥对研究临沧历史和古铁桥建筑，提供了重要的实物资料。1982 年，青龙桥被凤庆县人民政府公布为县级重点文物保护单位。

然而，随着小湾电站的修建，电站库区淹盖了青龙桥。从此，人们再也无法领略青龙桥的雄姿与风采了。

7.“神舟渡”遗址

“神舟渡”是指云县茂兰镇与大理州南涧彝族自治县公郎镇之间澜沧江的一个渡口，这是历史上，临沧市临翔、云县等通往大理、昆明的重要通道之一，也是茶马古道上的一个重要渡口。该遗址有同治十二年四月（1873年），云南提督杨玉科撰的《神舟渡石壁序并铭碑》，碑文352字，叙述了神舟渡对于沟通澜沧江两岸人民相互交往的重要性，具有非同一般的历史价值。

“神舟渡”原名“大过口”，意思说它是这一带地区澜沧江上最大的一个渡口。为什么更名为“神舟渡”呢？在澜沧江两岸流传着一个值得玩味的民间传说。

燕王朱棣以“除奸逆”“清君侧”为名发动“靖难之役”，篡夺皇位，他就是历史上的明成祖。在这种情况下，建文帝朱允炆根据明太祖留下的锦囊妙计得以逃身，一说进入云南省武定狮子山正续禅寺为僧。民间传言，他身份暴露，逃离正续禅寺之后，到达了澜沧江边，在前有江阻后有追兵的生死关头，江中突然飘来一叶孤舟，自向岸边靠来，更令人诧异的是舟里竟无摆渡人！眼看追兵逼近，建文帝及其随从不敢迟疑，迅速跳进舟里，小舟一调头，直驰江的对岸。到了江心，舟忽然剧烈地颠簸起来，并且停滞不前，众人惊慌失措，唯有建文帝泰然自若高声问道：“何神保驾？”答曰：“云州（云县）城隍”。建文帝随即传下口诏：“封你为中正大王！”建文帝又问：“还有何神护驾？”半空中应声曰：“勐麻（今天云县茶房、大寨一带）土主。”建文帝又下一口诏：“封你为大黑天神。”半空里应声道：“谢主隆恩。”于是舟不再颠簸，安稳靠岸，抵达云州境内。

“大过口”便因“神舟”渡过建文帝而改名“神舟渡”。天堑变通途，这是人类的最大愿望。这一传说，其实就折射了人类这样的愿望。

8. 凤庆文庙

明清之际，汉文化逐渐成为临沧文化的主流，凤庆、云县、临翔，均建有文庙作为标志。凤庆文庙就是其中的代表。

凤庆文庙

凤庆文庙位于凤庆县城西文庙街，由鸣凤阁（又叫魁星阁）、崇圣殿、大成殿、大成门、棂星门、龙门和泮池等单元组成，中轴线对称，台阶式演进格局，占地 8880 平方米。始建于明万历三十四年（1606 年），清康熙八年（1873 年）、同治十二年（1873 年）两次迁建并多次增建。原有文昌宫、明伦堂、照壁等均已不存。乡贤祠、名宦祠、两庑等已改建。

凤庆文庙整个建筑群布局合理，技艺精湛，具有较高的建筑艺术水平和历史研究价值，是汉文化在临沧发展的见证。

1982 年，凤庆县人民政府公布凤庆文庙为县级文物保护单位。

9. 杜文秀部将蔡发春府第

清末，由于帝国主义的入侵，清朝政府腐败，各族反抗帝国主义和封建主义的斗争此起彼伏、如火如荼。在太平天国运动的影响下，云南各族人民起义风起云涌，滇西地区爆发的杜文秀起义就是其中的一个。

杜文秀起义爆发于咸丰六年（1856 年），攻克大理并建立大理政权，杜文秀被推为“总统兵马大元帅”，以“锄满、扶汉、除奸”为号召，纵横滇西10多年，不仅有力地打击了当时的封建统治，而且也多少促进了社会生产力的发展。

这次战争，起义军扛白旗，清军扛红期，所以，人们常把它称为“红白旗”战事或者“红白旗”事件。

临沧市是杜文秀起义的重要地区之一，在临沧市出现了许多起义的领袖人物，蔡发春是其中的佼佼者。

蔡发春，字向阳，云县爱华镇忙怕村人，性机灵，重义气，乐于助人。道光二十六年(1846年)，风庆县回民张富和马国海等聚众举事，蔡发春随其父蔡黑老响应。清军纠合土司兵，围攻蔡黑老率领的队伍，蔡黑老战死，蔡发春率部到耿马、镇康一带活动。杜文秀起义爆发之后，蔡发春积极响应。第二年，他率部回云县，取道凤庆，赴大理与杜文秀会合，被任命为“扬威大都督”，负责澜沧江以西地区的军事。他先后率部攻克蒙化（今大理巍山）、云州（今云县）等地，名声大震，令敌闻风丧胆。同治元年（1862年），在攻打腾冲古永的战役中，不幸中弹身亡，年仅38岁。

腾越人曹锟在他所著的《腾越杜乱纪实》一

书对杜文秀起义作了这样的描述："纵横西二十余郡县，无坚不破，无敌不摧，文秀帅业，一赖七二。"所谓的"七二"就是蔡发春。蔡发春身材魁伟，膂力过人，长于攻击。他使的一把大刀，重 40 多千克，一般人只能举 10 多次，蔡发春则能举72次脸色不变，因此人们常常以"七二"叫他。

云县城回营村有蔡发春府第至今尚存，其造型为三方一照壁的土木结构四合院房，青砖铺地，门窗皆雕刻，并且工艺精美，大门为重檐式，以铜环为饰，被命名为"杜文秀部将蔡发春府第"。1982 年，被云县人民政府公布为县级文物保护单位，2005 年，被列为临沧市非物质文化遗产保护单位，成为进行爱国主义宣传教育的重要基地之一。

10. 凤庆石洞寺

随着汉族移民的不断迁移，道教在临沧市凤庆县、云县和临翔区等地传播。

凤庆石洞寺

在这种情况下，“深山藏古寺”的自然景观在临沧许多地方出现，凤庆石洞寺就是其中的代表。

凤庆石洞寺位于县城东南 30 公里，在洛党镇箐头村境内。该寺建于清朝乾隆后期（1794 年前后）。寺内建筑有大殿、两厢房。另有茶花 1 株，合抱有余，定名“蒲门茶”，与寺齐名并存。大殿、两厢房，几经重修。

寺前有双阁，建于清道光、咸丰（约 1848 ~ 1853 年）年间，立于两石之上，其间以石桥相通，建拱桥、莲花池，地势险峻，风光优美。民国 15 年（1926 年），杨兆昌、苏芬、杨永桀等等筹款重修。李辉祖题一联：“石楼耸翠微，宛如天台，好向山中寻药草；洞府探玄妙，若逢吕子，愿从笛里听梅花。”现保存完整。该寺已经成为凤庆县的象征和名片，也是凤庆县重要的旅游景点之一。

11. 勐旺塔

塔是佛教文化的产物，同时，也往往成为一方之地的象征和名片。

勐旺塔俗称“白塔”，位于临沧城西北约 10 公里的勐旺村南 500 米的小山顶上。为南传上座部佛教单体塔，建于明代时期，是云南省境内现存最早的南传上座部佛教塔，说明临沧是最早吸收南传上座部佛教的地区之一。

该塔为砖石实心结构，共 11 级，高约 15 米。基座以条石砌成，呈八边形，边长 3.5 米，高 2 米。基座上以砖块加筑“亚”字形密座，呈东南西北四方形，有边长约 10 厘米的方孔呈“十”字形贯通。塔身以 65 度角上收，以八边形状体叠砌而成，呈锥形。塔前东侧，有香火台一座，以砖块砌筑而成。塔的整体建筑以缅式塔为形制，同时又体现了汉族密檐式塔的风格，为汉文化与南传上座部佛教有机结合的实体建筑。

傣族是滇西地区最早吸收南传上座部佛教的民族，该塔的建立说明当时临翔区这一地方已经有了傣族先民的繁衍生息。

1984 年，临沧县人民政府公布该塔为县级文物保护单位。

12. 云城清真寺

清朝后期，大量的回族移民临沧，清真寺随之在他们的聚居区出现，成为文化的标志之一。其中，云城清真寺是其中的代表。

云县爱华回营清真寺

云城清真寺位于云县县城回营村内。云县是清朝咸丰、同治年间杜文秀回民起义重要根据地之一。回营村内至今仍然保存有扬威大都督蔡发春家宅一院。

云城清真寺始建于1930年。6、70年代曾用作粮仓，后经修缮用于宗教活动。寺院占地约50亩，建筑面积1188平方米。大殿为木架结构，单檐，保存基本完好。两厢为木架结构，大殿为1930年所建。叫拜楼为砖混结构，近年所建，寺内有清光绪年间刻制“至诚无息”“清真古寺”和“万假一真”汉字匾额三块。

该寺为云县伊斯兰教重要活动场所，设有寺管会，并设一常住寺阿訇负责处理日常事务

13.“班洪抗英”纪念遗址

1934年，震惊中外的“班洪事件”是中国民主革命时期，沧源佤族自治县班洪乡、班老乡地

区佤族人民爱国抗英斗争的历史大事件，是祖国南疆边陲各族人民团结御侮，维护国家统一、领土完整的光辉壮举。1885 年，英帝国主义占领缅甸以后，便侵略阿佤山区。1900 年，中英会勘滇缅界务时，英方蛮横无理地不承认班洪为中国领土的事实，将佤族人民自古以来繁衍生息的“葫芦王”地置于滇缅边界南段未定界范围，肢解、强占中国边疆，掠夺中国丰富的矿藏资源。1933 年 10 月，英帝出兵 500 余人向阿佤山北部进犯，占领了茂隆厂炉房等地。班洪、班老爱国人士，不受欺骗，不畏强权，义正词严地声明“佤族汉族是一家，九老九代不丢伴。为保中国领土和矿藏，宁死也不投降！”面对英帝的侵略，班洪王胡玉山毅然召集各部落王开紧急会议，共商爱国抗英大

班洪抗英遗址碑

计。各部落王剽牛盟誓，决定联合一致出兵三路，对内严惩民族败类，对外驱逐英帝侵略军，胜利饮马滚弄江。1934年2月8日，爱国抗英的“班洪事件”发生了。战斗持续了4个月，有44位佤族英雄儿女，为保卫祖国边疆献出了宝贵的生命。班老等寨历经敌人燃烧弹轰击，几度变为一片火海。是年6月，李希哲等人召唤景谷、双江、澜沧、岩帅、勐角董等地自发声援班洪、班老抗英斗争的群众1000余人，组成“西南边防民众义勇军”，驰援前线，与佤族武装并肩战斗，把侵略者赶出了丫口、炉房、南大等地。在大量史实面前，英帝终于承认班洪地区是中国领土。1960年中缅两国友好顺利地解决了久悬不决的中缅边界问题，班老回到了祖国的怀抱。为纪念“班洪事件”的爱国主义精神，激励各族人民团结奋发，1987年10月19日中共沧源佤族自治县县委、沧源佤族自治县人民政府特建立班洪爱国抗英斗争纪念碑。同年，班洪抗英纪念碑被中共云南省委、云南省人民政府确立为省级爱国主义教育基地、云南省国防教育基地。

纪念碑共有三座，其中，“班洪抗英纪念碑”

一座，建在沧源县城勐董镇，碑额为前云南省副省长、政协前主席、班洪事件参与人杨克诚同志题写；“班洪抗英遗址碑”两座，分别建在班洪乡和班老乡。班洪为“班洪事件”的发生地，当年十七部落王就集中在班洪王府的大青树下，剽牛盟誓，宣誓抗英，后来遗址碑便建在榕树旁；班洪乡是抗英主战场，其遗址碑建在乡政府所在地。三碑造型一致，碑文记述了班洪抗英历史和建碑要旨。

14. 滇缅铁路遗址

修建于抗日战争初期，该遗址为滇缅铁路西段一工程区。滇缅铁路 1939 年开始勘测兴建，1942 年 1 月美国援华资金、物资到位后不分昼夜突击抢修。滇缅铁路西段东起昆明，经弥渡、南涧进入云县、耿马（孟定）入缅甸，目的地西至腊戍直达仰光，全长 860 公里。

滇缅铁路永德段遗址

从中缅边界的芒卡沿南汀河到云县勐赖坝，经过永德县大雪山民族乡南汀河西岸，从蚂蝗箐村大洪岩山脚到大平掌村丙中坝寨子脚共30公里；属孟定、耿马两土司辖区的135公里。1941年1月到1942年5月，路基、涵洞、桥墩、隧道、挡墙保坎基本完工，整个铁路大样已形成。

1942年4月30日，日军侵占缅甸腊戍后进犯滇西各地，滇缅边境战争形势急剧变化，滇缅铁路工程被迫停工；5月，西段第一工程处民工全部撤离。现今从芒卡到勐简的公路干线，大都利用原滇缅铁路路基、涵洞、桥墩等修筑，原涵洞、挡墙保坎、隧道等痕迹犹存。

15. 尖山石刻

临沧是滇西抗日的重要战场之一，“尖山石刻”就是这一段历史的记录。

1942年5月至1944年6月，侵占缅甸的日本侵略军多次进犯孟定、南伞等临沧边境地区。临沧各族人民积极配合国民党爱国官兵参加抗日，由国民党11集团军的一个连队与地方武装组成的“耿（耿马）沧（沧源）抗日游击支队”，与日军进行了多次战斗，曾有两个中队共200多人的抗日队伍在地处国境线上的尖山村一带戍守御敌。尖山石刻即当时抗日遗迹。

尖山石刻位于耿马傣族佤族自治县孟定镇尖山村以北约 200 米处的山顶上，西距中缅国境线约 4 公里。在高约 4 米、宽约 2 米突兀耸立的一块石灰岩石上，刻有“以戈待敌”“一九四四特制”字样。“以戈待敌”四字从右到左呈一行排列，“一九四四特制”位于“以戈待敌”右下，从右至左纵二排列。为楷体书写，刻凿略为草率。在此石刻北约 1 千米处险要通道的石壁上，有“泰山石敢当”五字，为楷书体，字迹呈黑色，未雕刻，竖式排列，长 0.87 米，宽 0.15 米。

据调查，以上字迹为“耿（耿马）沧（沧源）抗日游击支队”中队长、傣族宋国细书写，凿刻者为临沧石匠崔钰海。

尖山石刻表现了边疆人民誓与国土共存亡的决心和坚不可摧的战斗意志，是进行爱国主义和革命传统教育的好教材。1982 年，耿马傣族佤族自治县人民政府公布为县级文物保护单位。

16. 户婆岩洞剿匪遗址

中华人民共和国建国初期的剿匪斗争，号称

“解放云南的第二战役”，中国人民解放军和当地公安部队，以及各族群众付出了沉重的代价。永德县户婆岩洞剿匪遗址就是这一历史的真实记录之一。

当时，镇康县大雪山区土匪沈小青、杨老春、字光斗、何朝相和以戎光彩为首的“云南人民反共救国军沧怒纵队”等千余名土匪进行了长达两年多的反革命暴乱。位于今天永德县大雪山彝族拉祜族傣族乡大勐婆槽子上段长坡夹洼中的一个小山梁——瓦窑尖山陡峭南坡的户婆岩洞就是当时这些土匪的麇集处所之一。由于大勐婆河水的侵蚀切割，小山梁自北向南，至此便到了尽头。其南坡上部是一堵岩一排洞，实为坡陡悬崖峭立，洞奇丽。远看，这一切都被挺拔高大的古木、缠绕倒悬的藤条、满山遍野的山草所覆盖，实在令人看不透，摸不清。从户婆村出发，循着山间小路，由北向南，越梁下坡，蜿蜒曲折，方抵岩脚洞口，这是到达户婆岩洞的唯一通道。在这里，可以听到南面下约 500 米远的大勐婆河潺潺的水声。更为奇特的是：洞口及洞中有一股常年不枯不涨的岩泉，可供饮用。岩洞最大的是仙人洞，口小似门，内空如殿堂，可容百人。洞内石笋如林，石壁如雕，钟乳倒悬，千姿百态。

1950年至1951年，大雪山地区敌酋之一的杨志春，曾两次隐匿洞窑，出没骚扰残害民众，负隅顽抗。人民解放军曾两次越险围剿，将其击溃。战斗中，人民子弟兵的7位壮士，献出了自己年轻的生命，赢来户婆岩洞及周围地区人民的解放和安宁。他们的崇高品德，忘我牺牲精神，似弹痕累累的千年古木，永恒人间。至今人们常到洞中游玩朝拜。

17.“11·6”地震纪念碑

1988年11月6日21时3分和15分，澜沧——耿马“双主型”7.6级强烈地震发生。因震中在澜沧、耿马两个自治县境内，而被称为“澜沧—耿马11·6大地震”，简称“11·6”地震。

“11·6”地震造成了极其严重的破坏，是一次空前的、百年不遇的大灾难。由于地震发生在临沧地区耿马、沧源、双江三个民族自治县的结合部，即北纬23° 31′ 东经99° 35′ 发生7.2级地震。震源深8公里，烈度为8度区约1000平方公里，9度区300多平方公里，沧源自治县勐省镇、岩帅镇、团结乡和耿马自治县四排山尚有10度点。所以，临沧市成为这次大地震的重灾区之一。截至1989年5月31日，临沧地区共发生余震16352次，其中3级以上有感地震1421次。这次地震震级高、震源浅、烈度大、余震多、波及广、震害叠加，全区耿马、沧源、双江、永德、镇康、临沧、凤庆、云县均受震害，耿马、沧源、双江受灾特别严重。全地区因震灾死亡105人，重伤225人，轻伤1537人，房屋倒塌和毁坏面积1395万平方米。工业、农业、财贸、教育、卫生、交通、水利等设施遭到严重破坏，直接经济损失约16.5亿元。

震后，中共临沧地委、临沧地区行署和中共耿马傣族佤族自治县委、自治县人民政府、中共沧源佤族自治县委、自治县人民政府都立了“11·6”地震纪念碑。

临沧地区“11·6”地震纪念碑。公元1989年11月6日建碑，位于临沧市区南屏西路和南路交汇处，碑身镶嵌“抗震纪念碑”五个大字，并雕刻地委、行署撰写的碑文，记述临沧人民抗震救灾的史实。

耿马傣族佤族自治县“11·6”地震纪念碑。位于耿马自治县城北面，白马广场正上方，1992年4月动工，当年11月竣工。纪念碑由碑身和碑座组成，主要建造材料为白色花岗石。碑座高9米，为傣家竹楼造型的两层式建筑；碑身高13米，由两根方形钢筋混凝土碑柱组成，柱体上端分别有一个垂直向下的凹槽口，内嵌梯形碑顶。在碑身中段镶嵌有一块灰色花岗岩凿刻的长方形碑额，上面刻有时任国务院总理李鹏亲笔题写的“耿马县抗震救灾纪念碑”的碑文。整座纪念碑造型端庄大气，既有傣族建筑风格的古朴灵秀，又有现代艺术的庄严典雅，是震后重建的新耿马蓬勃发展的象征。

沧源佤族自治县“11·6”地震纪念碑。位于县城广场路中部，建于1992年6月，高7.2米，呈“人”字房梁结构，顶部有佤族崇拜的饰物——牛头。梁下碑高2米，一面塑有一钟，记录地震发生的时间；另一面记述地震造成的损失和全国人民对沧源人民的关怀和帮助以及沧源各族人民生产自救活动。碑身为红白两色，鲜艳醒目。纪念碑造型别致，昂然矗立，象征着佤山沧源各族人民不屈不挠的民族精神。

18. 佤族传统村落翁丁

翁丁村位于沧源佤族自治县勐角乡境内，坐落在一个群山环抱的山麓上，距离县城勐董镇33公里。村落四面环山，周围草深林密，翠竹婆娑，保存着较为完好的传统文化与传统建筑，被国家地理杂志誉为“中国最后一个原始部落”。

“翁丁”意为“云雾缭绕的地方”，全村共居住着105户农户，全部为佤族，他们已在此生活了数百年。整个村落由牛头寨门、传统民居、佤王府、木鼓房、撒拉房、寨桩、女神图腾桩、人头桩祭祀点、牛头桩祭祀点、神树祭祀点、

佤族传统村落翁丁

佤族文化传习所、白云湖等组成。村内有佤族传统生产生活工具、传统纺织技艺、传统服饰的陈列与展示，节假日通常有拉木鼓表演以及打歌欢庆活动。

村民的住房依山就势而建，全是以“干栏式”和“落地式”建筑为主的茅草房，住房不远处为单独建盖的粮仓。村径曲折绕屋，四通八达，延伸至各个角落。这里的人们依然保持着传统的着装习俗，男子穿无领大襟衣和短而肥大的摆裆裤，通身为黑色；女人常用花方巾包头，身穿黑色右衽衣，黑色长筒裙的裙脚上用彩线绣成圆点纹与竖纹相间的图案，老人们说，那是星星和大树，佤族热爱自然，崇敬自然的情怀由此可见一斑。女人们身上最耀眼的饰品为胸襟上的银制太阳花，这也是翁丁佤族妇女服饰中最具标志性的饰品。

牛，是佤族的图腾，是人们敬献给神灵最神圣的牺牲；牛，也是财富的象征，富裕之家，剽牛之后常将牛头挂于自家檐下。所以，走进翁丁，你会看到，道路旁、榕树上挂满数不清的牛头，它们在孤寂中默然注视着世事的跌宕，仿佛于不经意间便洞悉了人间的冷暖聚散。木鼓是佤族的通天神器，剽牛祭祀是对木鼓最高的祭奠仪式，人们依古训行事，按古制生活，但在现代文化的场景下，拉木鼓活动和剽牛血祭，已演变为盛大的部族狂欢。

“翁丁”，据说也是多条河水相接的地方，村脚有新芽河蜿蜒经过，日夜奔流，伴随人们日出而作，日落而息，见证着四季的荣枯。万事万物在岁月的交替中，从容演绎着各自独有的美丽，在离神灵最近的地方自由生长。

在喧嚣繁华的世界里，翁丁以其宁静、古朴、神秘成为人们向往的一方净土，2006 年翁丁被云南省人民政府命名为“云南省非物质文化遗产传统文化保护区”，2007 年又被命名为“云南省历史文化名村”，被临沧市委、市人民政府命名为“临沧市十大优美村寨”。翁丁已成为展示佤族文化的一道绚丽风景线，也是沧源打造国际旅游度假区的一张耀眼名片。

19. 鲁史古镇

凤庆县东北部的一个古镇，距县城 80 公里，总面积 347.81 平方公里，辖 17 个村民委员会，216 个村民小组。居住着汉、彝、苗、壮、傣等

12 个民族。

鲁史古镇位于澜沧江和黑惠江中间，历来是临沧市通往大理、昆明的咽喉重镇，具有重要的地理位置，被誉为“茶马古道第一镇”、中国最神秘的三大古镇之一，2002 年鲁史古镇被评为省级重点保护单位，2006 年，鲁史古镇被列为省级历史文化名镇，2012 年被列为全国 210 个特色小镇之一。

鲁史，原称阿鲁司，清朝年间曾设阿鲁巡检警司。关于“阿鲁”的含义，一说是彝语，意为“小城镇”；又称“阿鲁司”，“鲁史”为“阿鲁司”的转音。“阿”姓是云县、凤庆一带“濮”人独有的姓氏，可能与“濮”人担任这里的土官有关。

鲁史古镇是滇西保存较为完好、规模较大的古建筑群之一。从总体上看，街场的布局及民宅的建设风格都具有浓郁的宗教文化特点。同时，由于鲁史古镇地处茶马古道要道上，历史悠久，南来北往的人到此定居经商，街场规模在不断扩大的同时，形成了“三街七巷一广场”的集众家之长的独具一格的格局。以四方街为集镇经纬线的中心点，呈圆状分布，东西长 800 米，南北宽

538 米，总面积 43 万平方米。民宅建筑主要以仿效北方四合院和江浙风格的三合院为主，一楼一底三格三厦屋面，泥瓦封火墙。四合院有花园，三合院有花台，并绘有壁画、诗句、对联，求其家宅方圆，藏风聚气，暖和兴旺。同时，民居建筑模式受到大理白族文化的影响，也兼具南诏风格的建筑群落。

1693 年，明朝大地理学家、旅行家徐霞客到鲁史，对鲁史的繁华，就惊叹不已。2014 年，云南大学在鲁史建云大书苑，以保护古镇及开发滇西文化。历史上，鲁史人以茶为生，有茶人骆英才、段逸甫，以及“俊昌号”茶庄、“凤山春尖”等，茶文化成就了鲁史的繁华。

六、时代风采

（一）多彩之城

临沧，澜沧江孕育的一块热土，澜沧江文化辉煌的黑土地。这里人杰地灵，物华天宝，在2.4万平方公里的土地上，江河纵横、群山叠翠、林茂物盛、四季如春，素有“中国恒春之都”的美称，是动植物生息的天堂，是西南生物多样性重点保护区，是多元民族文化的聚宝盆，临沧是多彩的。

崛起的临沧

临沧是一座绿城。近年，临沧通过实施生态修复、生态廊道建设、城镇绿化、村镇绿化、生态文化建设、生态产业建设、森林城市支撑体系建设等工程，着力构建完备的森林生态体系、发达的森林产业体系、繁荣的森林文化体系、合理的森林城镇体系，着力有效推进国家森林城市创建步伐。目前，全市森林覆盖率已达67.5%，城市主城区绿化覆盖率提高到39.41%，绿地率提高到34.85%，人均公园绿地面积提高到11.4平方米。临沧是“中国十佳绿色城市”“中国最美的生态旅游示范市”，也是“国家可持续发展实验区”“全国低碳国土实验区”。

临沧是一座水城。在临沧这片沃土上，澜沧江、怒江跨境而过，两大水系的830多条大小河流日夜不息穿梭奔流，年平均降水量1500毫米，年平均水资源总量232.27亿立方米，人均占有9694立方米，是全国人均拥有量的4.4倍。

临沧是一座茶城。临沧是云南大叶种茶的故乡，是普洱茶的原产地，是滇红茶和蒸青绿茶的诞生地。因为得天独厚的地理环境与气候资源，临沧茶叶产业有着不可比拟的优势，一是古茶树遗产存量最大、最具代表性，被科考专家誉为“茶资源历史博物馆”；二是茶叶种植面积最大，有139万多亩，居云南之首；三是产量最高，茶叶生产总量6万多吨；四是品质最优，有无性系良种茶园57.3万亩，有机茶园11.2万亩，雨林联盟认证茶园4.05万亩，无公害茶园79万亩，绿色食品认证茶园11.9万亩；五是茶文化底蕴深厚。茶产业是临沧的支柱产业之一，有163万茶农从事茶叶生产，全市红茶产量占全国的20%，普洱茶原料产量占全国的50%，是中国最大的红茶生产基地、最大的普洱茶原料基地，因此，临沧又是世界著名的“滇红之乡”“红茶之都”和“天下茶仓”。

临沧是一座边城。临沧与缅甸为邻，沧源、耿马、镇康三县地处边境，有10个乡镇与缅甸接壤，国境线长290.79公里。有9个世居少数民族跨境而居；有1个国家级一类开放口岸，2个国家级二类开放口岸；有18条通道，5条通缅公路，是通往南亚东南亚的内陆“黄金口岸”，是中国面向南亚和东南亚开放的“桥头堡”前沿窗口。所以说，临沧又是一座边城。随着国家“一带一路”、孟中印缅经济走廊建设和面向南亚东南亚辐射中心建设战略的实施，临沧在对外开放中的地位和作用将进一步凸显。

临沧是世界佤乡。临沧有佤族241136人（2015年统计数），占全国佤族总人口的60%，佤族文化形态最为齐全，有距今3500多年的崖画，有保护完整的佤族群居部落，有闻名中外的中国十大魅力节庆之一“司岗里·摸你黑”狂欢节，堪称中国佤族文化的荟萃之地，被誉为“世界佤乡·秘境临沧”。除了佤族以外，还有10多种少数民族在这里繁衍生息，是云南民族文化的一个缩影。

临沧，这座集边城、绿城、水城、茶城、佤乡等特色于一身的城市，处处洋溢着盎然生机，

中国佤族司岗里摸你黑狂欢节

孕育着巨大的发展潜力，正崛起于新经济体建设的浪潮中。

（二）金海棠闪烁的“亚洲微电影城”

临沧是亚洲微电影艺术节的永久举办地，以临沧独有的珍稀植物长翅秋海棠命名的“金海棠奖”为艺术节最高奖项，这是临沧精心打造的又一张城市名片。

首届亚洲微电影艺术节由中国电视艺术家协会、中央新影集团、云南省文化厅、云南省新闻出版广电局和中共临沧市委、市人民政府共同发起主办，于2013年11月19日至21日在临沧成功举办。秉承“亚洲风·中国梦·临沧情”的主题，以“全国有品牌、亚洲有影响、世界有声音、社会有美誉、经济有回报”为主旨，至今已连续举办了三届。三年来，共征集到世界各地近7000部参赛作品角逐“金海棠奖”，来自中国、韩国、印度、泰国、缅甸、老挝、柬埔寨、新加坡、马

亚洲微电影艺术节

来西亚、斯里兰卡、俄罗斯、西班牙、加拿大、瑞士、英国、美国、德国、新西兰、塞拉利昂等30多个国家的一大批知名导演、艺术家、影视明星、制片人、电影官员，以及老挝、泰国、越南、柬埔寨、马来西亚、孟加拉国驻昆领事馆总领事，分别参加了历届亚洲微电影艺术节各项活动，共同见证了亚洲微电影艺术节的成长。亚微节已成为临沧乃至云南一个独具影响力的文化活动品牌。

借助微电影蓬勃发展的态势，临沧相继建成了亚洲微电影影院、亚洲微电影博物馆、亚洲微电影庄园、亚洲微电影学院等一批具有微电影文化元素的基础设施，并聘请斯琴高娃等多位艺术家为亚洲微电影学院的艺术顾问、客座教授；组织拍摄了《临沧的诱惑》《定情梦》《荒岛100天》《茶王》《情定司岗里》《最后的部落》《冰岛之恋》《临沧梦未眠》等一批临沧题材的微电影；培养了一批热爱微电影事业的文艺工作者，命名了一批民族文化底蕴深厚、生态环境优美的微电影拍摄基地，一座新兴的亚洲微电影城正在崛起。临沧秘境美丽的自然风光、深厚的民族文化底蕴，给嘉宾们留下了深刻印象，“世界佤乡”“秘境临沧”为国内外嘉宾所熟知和称道，亚洲微电影艺术节为世界各国人民认识临沧开启了一扇文化之窗。

（三）百万千瓦级电站的建设

建设漫湾水电站的故事，要从 1982 年说起。这一年，滇中遭遇百年大旱，电力严重不足，而此时，云南工农业百废待兴，用电量激增，如何破解困境就摆到了云南电力人的面前。是年，在国家提出的第六个五年计划中，电力建设被放在突出位置。为此，云南电力局提出了这样的目标：到 20 世纪末，云南年发电量由 1980 年的 52.9 亿千瓦时增加到 244 亿千瓦时。实现这一目标的措施就是，要翻番建设漫湾水电站。之所以提出这样的措施，是因为早在 1957 年，昆明水电勘测设计院的普查组就发现漫湾是最适合修建电站的地方，百万千瓦装机容量的漫湾水电站初步设计图也已经于 1979 年绘就。在这样的

澜沧江第一座大型电站漫湾电站

背景下，漫湾水电站的建设被提到了议事日程。但是，过程并不顺利，在经过诸多挫折之后，1986 年 5 月 1 日漫湾电站才正式开工建设。

漫湾水电站以发电为单一开发目标，混凝土重力坝坝高 132 米，总库容 9.2 亿立方米。电站分两期建设，一期工程装机容量 125 万千瓦，1987 年 12 月实现了大江截流，1995 年 6 月 5 台机组全部投产运行，年发电量 63 亿千瓦·时。二期装机容量为 25 万千瓦，2004 年开工，2007 年 5 月建成投入使用，多年平均发电量 62 亿千瓦·时。漫湾水电站是澜沧江干流水电基地开发的第一座百万千瓦级的水电站。

大朝山水电站是漫湾水电站的下一梯级电站，位于云南省云县与景东县交界的澜沧江中游，电站于 1992 年开始筹建，1993 年底导流洞开工，1996 年 11 月截流工程正式开工，2003 年竣工。大朝山水电站是澜沧江干流继漫湾水电站之后的第二个澜沧江梯级开发电站工程。该工程以发电为单一开发目标，碾压混凝土溢流重力坝，最大坝高 115 米，总库容 9.4 亿立方米，装机容量 135 万千瓦，年发电量 59.31 亿千瓦·时。

小湾水电站位于大理州南涧县与临沧市凤庆县交界的澜沧江中游河段，是澜沧江中下游水电规划“两库八级”中的第二级，下游为漫湾水电站。电站于 2002 年 1 月 20 日正式开工，2010 年 8 月 6 台机组全部投产，装机容量 420 万千瓦。水电站以发电为主兼有防洪、灌溉、拦沙及航运等综合利用效益，系澜沧江中下游河段的“龙头水库”。该工程由混凝土双曲拱坝、坝后水垫塘及二道坝、左岸两条泄洪洞及右岸地下引水发电站组成。大坝最大坝高 294.5 米，是目前世界最高双曲拱坝。总库容约 150 亿立方米，调节库容近 100 亿立方米，枯水期经水库调节后可使澜沧江下游河道的水流量增加，改善航运条件，还可助推当地发展旅游业。小湾水电站是国家重点工程和云南省实施国家西部大开发、“西电东送”战略的标志性工程，也是云南省有史以来单项投资最大的工程项目。

三座大型水电站的建设，使得临沧成为了国家“西电东送”和“云电外送”的重要基地，而且在 180 多公里的水面流域建成三座百万千瓦级电站在全国乃至亚洲尚属首例。“高峡出平湖”

的美景正跃然于世人眼前，成为临沧的旅游名片之一。

（四）设立临沧边境经济合作区

临沧是云南五大出境通道之一，独特的区位优势一直是国家重要的沿边开放地区。2013 年 9 月经国务院正式批准在临沧市设立边境经济合作区，定名为临沧边境经济合作区，成为云南省获批的第 4 个国家级边境经济合作区。

临沧边境经济合作区与缅甸山水相连，地理位置优越，发展空间巨大。边合区由耿马孟定园区、镇康南伞园区和沧源永和园区组成。整个边合区共有 22.98 平方公里的托管区（含国务院批准建设的 3.47 平方公里核心区）、50 平方公里的支撑配套区、200 平方公里的带动区。依托区位优势和资源优势，临沧大胆打破县与县之间的地域局限，将边合区规

国家二类口岸

划为“一核两翼、两带三城三沿、一区多园”的空间布局，以促进三县的联动发展，即以孟定为核心园区，南伞口岸、永和口岸延伸区域为两翼；边境一线固边睦邻示范带和南汀河热带特色农产品产业经济带为两带；孟定、南伞、勐董为三城；沿河、沿路、沿边为三沿；孟定核心园区、南伞园区、永和园区互联互补，为一区多园的发展模式，相互带动，共同发展。孟定核心园区建成以商贸物流业为主的沿边自由贸易试验区；南伞园区建成以进出口加工业为主的跨境经济合作区；永和园区建成以生态文化旅游业为主的边境旅游试验区。

边合区孟定园区

临沧边境经济合作区自启动建设以来，通过抓规划、抓基础、抓产业、抓招商、抓融资、抓合作等，发展驱动力不断增强，促进了全市沿边开发开放工作协调发展。截止 2015 年底，边合区累计实施大小项目 435 个，完成规模以上固定资产投资 591.9 亿元；入驻企业 201 户，招商引资实际到位资金累计完成 708.6 亿元。通过开放引领、规划优先、内外联动、基础先行、产城融合、区县共建，努力将边合区打造成为中缅国际大通道的重要枢纽，中缅经贸合作的重要示范区，中国面向印度洋经济圈的商贸物流中心，云南建设面向南亚东南亚辐射中心的门户，临沧沿边开发开放的重要平台。边合区已经成为临沧实现跨越式发展的“新引擎”，临沧迎来了发展的黄金机遇期。

（五）民族团结进步之歌

2013 年 1 月临沧市启动了民族团结进步边疆繁荣稳定示范区建设，实施三年以来，民族团结进步工作迈上了新的台阶，唱响了民族团结进步的时代强音。

示范区建设已成为临沧新形势下加强和改进

民族工作的重要载体。示范区建设已经成为全市各族人民的共识和行动，形成了党委政府领导、部门协同、社会支持、群众参与、上下联动、合力建设的良好格局；市、县、乡党委均成立了民族工作领导小组，党委书记亲自抓、党委常委班子集体领导、党委民族工作领导小组具体部署、党委政府分管领导分工负责，形成了决策高效、统筹有力、责权清晰、上下贯通、左右衔接的党委领导民族工作的体制。保障了全市民族工作的顺利开展并取得实效。

示范区建设已成为促进临沧跨越发展的有力抓手。为把党和国家对少数民族和民族地区的关爱落到实处，制定出台了《临沧市深入实施兴边富民工程改善沿边群众生产生活条件三年行动计划（2015—2017年）》、编制并实施了《临沧市扶持人口较少民族发展规划（2011

傣家新村

—2015年）》和《临沧市全面打赢“直过民族”脱贫攻坚战行动计划（2016—2020年）》。围绕“十大示范、三大跨越”的目标任务，以资源大整合、部门大帮扶、群众大参与为抓手，通过实施整村推进、整乡推进、特殊困难地区综合扶贫开发、易地扶贫转移安置等项目，认真落实“示范区建设”“兴边富民”“扶持人口较少民族”“特困民族”“散居民族”“深度贫困群体”等一系列国家、省扶持少数民族和民族地区发展的政策，提高扶贫的精准度和效果。三年来累计整合投入各类民族专项资金2.43亿元，累计减少贫困人口21万人，完成旧村改造1024个、农村危房改造12.26万户、“佤山幸福工程”8122户、自然村整村推进150个、彝族俐侎人支系安居房建设3091户。通过整合资源，合力攻坚，示范区建设极大地促进了少数民族和民族地区发展。2015年，耿马、沧源、双江

佤山幸福工程

3个民族自治县共完成生产总值143.2亿元，实现地方财政预算总收入13.1亿元，农村常住居民人均可支配收入8107元，高于全市平均水平。

示范区建设已成为临沧保障和改善民生的重要平台。民族文化繁荣发展。精心打造民族节庆品牌，丰富了群众的文化生活，中国佤族司岗里摸你黑狂欢节、亚洲微电影艺术节的推出与举办，提升了临沧民族文化活动的知名度；民族特色村寨的保护与开发工作得到加强，全市有28个村被列入国家传统村落名录，翁丁村被《中国国家地理》杂志誉为“最后的原始部落”，芒团村获得“中华傣家造纸第一村”的美誉。民族民间文化挖掘、收集、整理和保护工作成果丰硕，成功申报国家级非物质文化遗产名录6项，传承人4人；省级非物质文化遗产保护名录20项，传承人43人。民族教育蓬勃发展，坚持教育投入向民族地区、边疆地区倾斜。目前，全市共有民族中小学8所，“双语”幼儿园44所，少数民族适龄儿童入学率达99.5%，共有少数民族学生16.1万人，占在校生总数的42%。少数民族和民族地区义务教育学生营养改善计划实现100%覆盖。镇康县、耿马自治县、沧源自治县、双江自治县等4个边疆民族县实现了14年免费教育。医疗卫生条件不断改善。目前，全市共有各级各类医疗卫生机构1380个、病床9239张，在职卫生技术人员9251人、乡村医生1886人，全市新型农村合作医疗参合率、参保率均达99.4%；少数民族和民族地区社会保障工作得到加强。2015年全市城乡居民养老保险参保率达96.8%，少数民族和民族地区符合条件的困难群众都及时纳入了城乡低保的保障范围。

示范区建设已成为临沧各民族和睦相处、和衷共济、和谐发展的桥梁和纽带。大力宣传党的民族政策。开展形式多样的民族政策宣传教育，将民族团结进步教育列入各级党校干部培训内容，开展民族团结月、民族团结周、民族团结日宣传活动，全面落实民族团结教育课程进学校、进课堂、进教材的“三进”活动，使“三个离不开”思想更加深入人心；加强少数民族干部队伍建设。制定并实施了《临沧市少数民族人才队伍中长期规划纲要》。从2010年起，全市将公务员招录10%的计划数用于定向招录拉祜族、佤族、布朗族、傣族等少数民族。目前，全市共有少数民族公务员（含参公人员）6183 人，占公务员总数的 40.9%，接近少数民族人口占全市人口的比例；全面贯彻执行党的宗教政策。坚定不移贯彻落实党的宗教工作基本方针，依法管理宗教，做好信教群众、少数民族代表人士和知识分子的工作，积极教育引导信教群众爱国爱社会主义，坚决打击邪教和宗教极端势力；积极排查化解矛盾纠纷。坚持“团结、教育、疏导、化解”的方针，推动建立各民族相互嵌入式的社会结构和社区环境，正确处理影响民族团结的问题；全力维护边境安宁。发挥民族团结力量，构建党政军警民“五位一体”合力治边机制，为维护国家利益、边疆稳定、边境安宁，做出了重要贡献。

示范区建设已成为临沧民族团结进步的生动实践。按照“重点突破、以点带面、示范引领、全面推进”的思路，第一轮“十县百乡千村万户示范创建工程”成效明显，打造了一批具有示范带动作用的先进典型。2013 年至 2015 年，全市共实施了 1 个示范县、10 个民族团结进步示范乡镇、107 个民族团结进步示范村（社区）、1000

户示范户创建。扶贫党建“双推进”和“银行贷款共同用、特色民居共同建、大事小情共同帮、公益事业共同干、产业发展共同谋、文明村寨共同创”的“六个共同”建设管理模式得到中央领导同志和有关部门的充分肯定，抓党建促脱贫经验成为全国“两学一做”的先进典型。临沧市民族中学被国家民委命名为全国民族团结进步创建活动示范学校，“六个一”（即：上好一堂民族团结课、设置一个民族团结展厅、编印一期民族团结校刊、唱好一首民族团结歌、观看一部民族团结电教片、办好一个少数民族高中班）的做法已在全市推广。

三年来，示范区建设有力推进、成效明显，全市在新的起点上开创了民族和睦相处、和谐发展的良好局面，呈现出民族团结进步、边疆繁荣稳定的崭新面貌。

（六）新时期的律动

临沧市各族人民在中共临沧市委、市人民政府的正确领导下，紧密团结在以习近平同志为核心的党中央周围，高举中国特色社会主义伟大旗帜，以科学发展观为指导，认真贯彻五大发展理念，坚持“五位一体”总体布局和“四个全面”战略布局，全面推动民族团结进步示范区、生态文明建设排头兵、面向南亚东南亚辐射中心建设，全市保持了经济平稳较快发展态势。2015 年底，全市生产总值从上年 216.97 亿元增加到 502.12 亿元，年均增长 13.3%；人均生产总值从 8988 元增加到 20077 元，年均增长 12.5%；地方财政总收入从 25.51 亿元增加到 58.14 亿元，年均增长 17.9%；社会消费品零售总额从 72.58 亿元增加到 154.56 亿元，年均增长 16.3%；城镇常住居民人均可支配收入 21225 元，比上年增 8.7%；农村常住居民人均可支配收入 8603 元，比上年增 12%。全市呈现出了经济发展、社会和谐、边疆稳定、民族团结的大好局面。

不忘初心，继续前进。临沧“十三五”规划的宏伟蓝图已经绘就，明确制定了未来五年发展的奋斗目标，那就是：经济发展实现新跨越，全市经济保持年均增长 11% 以上；脱贫攻坚取得新胜利，实现现行标准下建档立卡贫困人口全部脱贫，贫困县（区）全部摘帽；人民生活水平和质量实现新提高，各项社会事业明显进步，公共服务体系更加健全，基本公共服务均等化水平稳步提高；公民素质和社会文明程度得到新提升；中国梦和社会主义核心价值观更加深入人心，全社会法治意识不断增强；生态建设和环境保护取得新成效，环境质量和生态环境保持良好，城乡人居环境更加优美；沿边开放取得新突破，口岸基础设施明显改善，对外贸易大幅提高。昆明经临沧经清水河口岸出境大通道建设取得重要进展；体制机制建设取得新进展。各项改革深入推进，各领域基础性制度基本形成。一个生机勃勃充满活力的临沧，一个开放发展绿色发展的临沧，正展现在世人的面前！

世界佤乡好地方，避暑避寒到临沧。临沧正以博大的胸襟、热情好客的情怀，真诚期待四面八方的朋友，前来旅游、考察、投资！明天的临沧一定会更加美好！

参考资料

[1] 范文澜主编.《中国通史》(10卷本).人民出版社.2004.

[2]王钟翰主编.《中国民族史》(增订本).中国社会科学出版社.2006.

[3]马曜主编.《云南简史》(新增订本).云南人民出版社.2009.

[4]何耀华总主编.《云南通史》(第一、二、三、四、五、六卷).中国社会科学出版社.2011.

[5]贺圣达著.《东南亚文化发展史》.云南人民出版社.1996.

[6]刘树生等主编.《当代云南简史》.当代云南编辑委员会编写.当代中国出版社.2004.

[7]尤中主编.《中国西南民族史》.云南

人民出版社．1985．

［8］江应樑主编．《中国民族史》．（上、下册）．民族出版社．1990．

［9］杨学政主编《云南宗教史》．云南人民出版社．1999．

［10］田继周等编写．《佤族简史》．《佤族简史》编写组．云南教育出版社．1986．

［11］耿德铭著．《哀牢文化研究》．云南人民出版社．1995．

［12］马大正主编．《中国边疆经略史》．中州古籍出版社．2000．

［13］李景明主编．《中国共产党临沧地区委员会志》．云南民族出版社．1998．

［14］临沧地区地方志编纂委员会编．《临沧地区志》（上中下）．北京燕山出版社．2004．

［15］马跃华主编．《云县志》．云南人民出版社．1994．

［16］杨滋荣主编．《凤庆县志》．云南人民出版社．1993．

［17］杨铸主编．《耿马傣族佤族自治县志》．

云南民族出版社. 1995.

[18] 鲁成旺主编.《永德县志》. 云南人民出版社. 1994.

[19] 武定云主编.《临沧县志》. 云南人民出版社. 1993.

[20] 李明富主编.《沧源佤族自治县志》. 云南人民出版社. 1998.

[21] 肖德虎主编.《镇康县志》. 四川民族出版社. 1992.

[22] 赵成龙主编.《双江拉祜族佤族布朗族傣族自治县志》. 云南民族出版社. 1995.

[23] 金建主编.《临沧地区民族志》. 临沧地区民宗局编纂. 云南民族出版社. 2002.

[24] 政协临沧市委员会编.《中国临沧茶文化》. 云南出版集团公司、云南人民出版社. 2007.

[25] 南桂香著.《耿马傣族》. 云南民族出版社. 2013.

[26] 临沧市文化(新闻出版、版权)局编著.《临沧市非物质文化遗产保护名录》. 2007.

[27] 临沧市文化体育局主编.《谜象丛生

之临沧——探秘临沧》. 云南出版集团公司. 云南美术出版社. 2013.

[28] 临沧市旅游局编.《秘境临沧导游》. 2004.

[29] 临沧市民族理论学会编.《临沧民族研究》.（1-16期）.

[30] 周本贞主编.《中国少数民族大辞典·佤族卷》. 云南民族出版社. 2014.

[31] 赵明生主编.《临沧少数民族口传文学》. 云南民族出版社. 2013.

[32] 政协镇康县文史委、镇康县民宗局编.《镇康德昂族》. 2009.

[33] 俸春华著.《澜沧江畔布朗人》. 云南民族出版社. 2003.

[34] 临沧市民族团结进步示范区建设领导小组.《临沧市民族团结进步示范区建设工作情况汇报》. 2016.

[35]《中共临沧市委关于制定国民经济和社会发展第十三个五年规划的建议》（2016年1月15日中国共产党临沧市第三届委员会第八次全体会议通过）.

[36] 马娟主编.《临沧岩画》.云南出版集团.云南美术出版社，2016年1月第1版.

[37] 沧源佤族自治县文体广电旅游局、沧源佤族自治县佤文化研究中心编.《佤族》.云南民族出版社，2014年4月第1版.

[38]马开能，李荣昆著.《云南伊斯兰教》(云南宗教知识丛书，由杨学政、熊胜祥主编).宗教文化出版社，2004年7月第1版.

后 记

本课题由赵明生、高宏慧共同完成，但由于我们水平有限和课题实施时间短促，书稿中肯定存在这样或那样的不足和错误，恳请同行批评和指正。

本课题是云南省社科联组织实施的。我们正式接受承担课题任务是 8 月 17 日，课题结题时间为 10 月 31 日之前，实施课题时间非常紧促。为了能够在 2 个多月的时间内完成，根据我们各自的业务特长，我们对编写任务进行了如下分工：

赵明生编写：二、历史沿革、三、史海钩沉、五、自然、人文景观（二）人文景观。

高宏慧编写：一、市情概览、四、民族文化、五、自然、人文景观（一）自然景观、六、时代风采。

课题申报提纲由高宏慧起草，赵明审订。书稿完成之后，由赵明生负责统稿。德国学者格罗塞在《艺术的起源》一书中指出“没有理论的事实是迷糊的，没有事实的理论是空洞的。”所以，统稿工作主要是从事实的核实和内容的丰富和充实等方面下功夫，从而保证事实的准确性、科学性和可靠性，避免空洞的文字表述。至于文字风格、语言表述，只要准确即可，不强求统一，事实上，因为我们所学专业和各自的语言表达习惯不同，也难以做到一致；有些地方交叉重复也是难免的。我们认为，合作写的书就应该有合作的痕迹，就应该体现合作者的风格、特点，事实上，这样的书应该更具有可读性、趣味性，还可以减少阅读时的疲劳。

史话是指对某件史事或事物以叙述故事的形式写成的作品，根据我们的理解，它属于一种新颖、活泼的综合性体裁，融史学、文学为一体，真正体现了“文史不分家”这一传统说法。承担编写史话这样的课题，对于我们来说是首次。在编写过程中，我们始终注意用事实说话，努力做到史料与理论的结合，以此为基础，融叙述的通俗性、故事性与艺术性为一体。史实的编排，我们主要是按照时代的先后顺序。当然，有的也可能存在不妥的地方。在各个部分内容的选择上，我们努力做到代表性、广泛性和典型性，即按照本课题的要求，努力做到各个部分的内容要具有代表性、广泛性和典型性，从而起到一叶知秋、管中窥豹的效果，让读者对临沧的历史情况有一个初步的了解和认识。这本身也是本课题的宗旨所在和要求。

本课题是一项科普性的小课题，规定篇幅10万字。而这样的书，正如主编“中国历史小丛书”“外国历史小丛书”的历史学家吴晗先生所说的一样：“小册子并不比大部头好写，”可见从写作的角度来看，浅显易懂的著述并不比那些高头讲章好写。事实上，如果没有受过专业训练，没有宏观视野，没有承上启下的问题意识是难以做到合理选择题材，善于取舍材料，有的放矢的长期积累和能力，是难以完成的。说真的，如果没有20多年的积累，我们是难以在这样短的时间内，完成这一课题的。这件事就应验了人们常说的“机会是为有准备的人提供的”这一句话！

临沧市尽管历来被视为“徼外”之地，但事实上，它同样具有上下数千年的历史。这样长久的历史，内容极其丰富，历史人物众多，各类事件的纷繁复杂自然不言而喻。然而，由于本书篇幅有限，许许多多的重要内容和历史事件，我们只有忍痛割爱了。在编写的过程中，我们虽然努力做到“大事不漏，小事不错，”但是遗漏、错误或者内容选择不妥一定是存在的。

《临沧史话》是在云南省社会科学界联合会的指导和精心组织下完成的。在编写的过程中，得到中共临沧市委常委、宣传部杨安兴部长、市社会科学联合会主席、市佤族文化研究院院长刘军同志等领导的指导和关心，得到市社会科学联合会和市佤族文化研究院全体同仁的支持和帮助，我们在这里一并表示衷心的感谢。

赵明生　高宏慧

2016 年 10 月